SEHEN · STAUNEN · WISSEN

DINOSAURIER

Thescelosaurus
Schädel
Iguanodon
Wadenbein
Ammonit
Wirbel eines
Vogelbeckensauriers
Schachtelhalm
Schwanzwirbel eines
Vogelbeckensauriers
Zanclodon
suevicus
Kieferfragment
Mammutbaumzweig

Stegosaurier-
zahn

Chirostenotes
Kralle

Hartriegelblätter

SEHEN STAUNEN · WISSEN

DINOSAURIER

Aufstieg und Niedergang einer faszinierenden Tiergruppe

Text von David Norman und Angela Milner

Passionsblumen-
blätter

Magensteine

Querschnitt durch einen
Iguanodon-Schwanzwirbel

Albertosaurus
Kralle

Zahnbatterie eines
Entenschnabelsauriers

Megalosaurus
Zahn

Gerstenberg Verlag

Wirbel von
Hypsilophodon

Ginkgo-
blätter

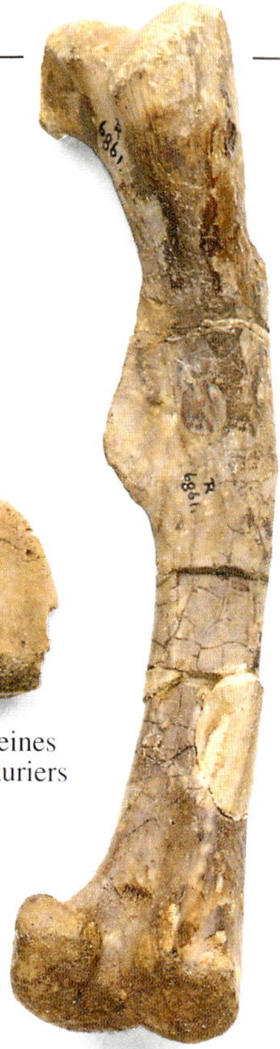

Coelurosaurier-
Halswirbel

Zehenknochen eines
Entenschnabelsauriers

Dryosaurus-Femur
(Oberschenkelknochen)

Bibliografische Information Der Deutschen Bibliothek

Die Deutsche Bibliothek verzeichnet diese Publikation in der
Deutschen Nationalbibliografie; detaillierte bibliografische Daten
sind im Internet über *http://dnb.ddb.de* abrufbar.

DK

Ein Dorling-Kindersley-Buch
Originaltitel: Eyewitness Guides: Dinosaur

Lektorat: Sophie Mitchell, Sue Unstead, Susan McKeever
Layout und Gestaltung: Roger Priddy, Miranda Kennedy,
Lester Cheeseman
Fotografie: Colin Keates

Aus dem Englischen
von Margot Wilhelmi, Sulingen

Satz: Gerstenberg Druck, Hildesheim
Printed in China
ISBN 3-8067-4541-2

03 04 05 06 07 6 5 4 3 2

Ornithomimus
Zeh

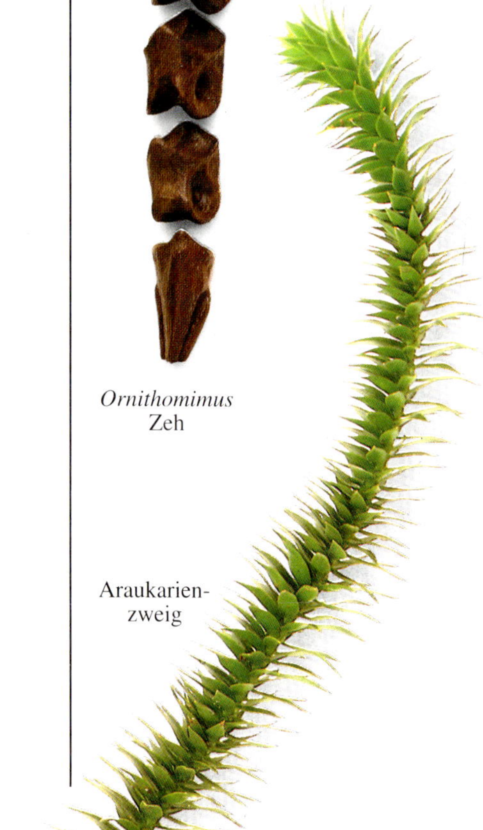

Araukarien-
zweig

Morosaurus
Hämalbogen

Tyrannosaurus rex Zahn

Inhalt

Heterodontosaurus-Schädel

Was waren Dinosaurier?

In grauer Vorzeit lebte eine Gruppe ganz außergewöhnlicher Tiere auf der Erde, die Dinosaurier. Nach 150 Mio. Jahren starben sie aus bis heute ungeklärten Gründen plötzlich aus. Viele Dinosaurier waren Riesen, einige aber erreichten gerade die Größe eines Huhns, manche waren friedliche Pflanzenfresser, andere gierige Räuber mit scharfen Zähnen. Alle waren sie schuppenhäutige, Eier legende Reptilien (Kriechtiere). Doch im Gegensatz zum abgebildeten Leguan mit seinen kurzen, seitlich vom Körper abgespreizten Beinen besaßen die Dinosaurier lange, unter dem Bauch sitzende Beine, waren also keine „Kriechtiere" im eigentlichen Sinne des Wortes, sondern z. T. recht gute Läufer. Zu jener Zeit erlebten die Reptilien eine Blüte, es gab schwimmende Reptilien im Meer und fliegende in der Luft, doch die Dinosaurier lebten nur auf dem Land. Fossilien geben heute Zeugnis von ihnen.

ERKENNUNGSZEICHEN: BECKEN
Bei den Dinosauriern unterscheidet man anhand des Beckenaufbaus zwei Hauptgruppen. Bei den Saurischiern (Echsenbeckensauriern) zeigte das Schambein nach vorn, das Sitzbein nach hinten. Bei den Ornithischiern (Vogelbeckensauriern) verliefen beide Knochen parallel nach hinten.

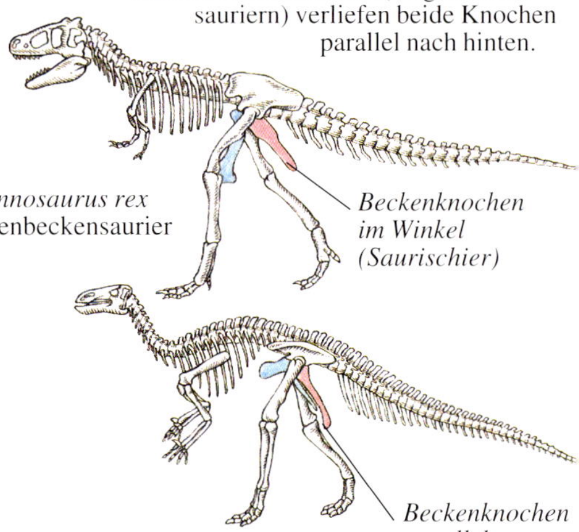

DINOSAURIER KONNTEN NICHT FLIEGEN!
Fliegende Reptilien wie die Pterosaurier lebten zur gleichen Zeit wie die Dinosaurier, zählen aber nicht zu dieser Gruppe. Dinosaurier konnten nicht fliegen!

LEBENDER DINOSAURIER?
Die Tuatara (Brückenechse) gehört zu den vom Aussterben bedrohten Arten. Man findet sie nur auf einigen Inseln vor Neuseeland. Die Vorfahren der Tuatara lebten zur Zeit der Dinosaurier. Einige Dinosaurier sahen ähnlich dornig aus.

EVOLUTION DER DINOSAURIER
Die nächsten lebenden Verwandten der Dinosaurier sind die Krokodile. Vor Millionen von Jahren entstanden aus krokodilähnlichen Vorfahren, den Thecodontiern, landlebende Tiere und aus diesen im Laufe von Jahrmillionen kleinere, schnellere Tiere, die nicht mehr wie Krokodile schubkriechend, sondern aufrechter liefen. Aus ihnen entwickelten sich die ersten Dinosaurier.

IM WASSER
Der frühe Thecodontier *Proterosuchus* verbrachte die meiste Zeit im Wasser.

VIERBEINER
Thecodontier wie *Euparkeria* liefen auf allen vieren übers Land.

„VOGEL-KROKODIL"
Der räuberische Thecodontier *Ornithosuchus* – ein Vetter der ersten Dinosaurier – lief schon auf zwei Beinen.

AUFRECHT UND GEFÄHRLICH
Staurikosaurus war einer der ersten Dinosaurier. Der aufrechte Gang gab diesem Räuber Schnelligkeit und machte ihn den Thecodontiern überlegen.

WAS BLEIBT ...
Einer der ersten Dinosaurierfunde wurde nach dem Leguan benannt (S.8–9). Der Leguan wirkt tatsächlich wie ein Tier aus vergangenen Zeiten und weist auch Ähnlichkeiten mit Dinosauriern auf, z.B. seine Schuppenhaut und seine Krallen.

Erste Entdeckungen

DINOSAURIERMANN
Diese Karikatur zeigt Sir Richard Owen, der den Dinosauriern ihren Namen gab. Er reitet auf dem Skelett eines Riesenfaultiers (eines fossilen Säugers aus Südamerika).

Obwohl es Dinosaurierreste seit Jahrmillionen gibt, wusste bis zum letzten Jahrhundert niemand von der Existenz dieser außergewöhnlichen Tiere. Einer der ersten Entdecker war der englische Arzt Gideon Mantell. 1820 fanden seine Frau und er Steine, in denen große Zähne eingebettet waren. Solche Zähne hatten die Mantells noch nie zuvor gesehen, und als sie gleich daneben noch fossile Knochen fanden, stellte Gideon Mantell eingehende Untersuchungen an. Er kam zu dem Schluss, dass Zähne und Knochen einem riesigen Reptil gehört haben mussten, und nannte dieses Tier *Iguanodon* („Leguanzahn", S.6–7). Bald darauf entdeckte man in Großbritannien zwei weitere Riesenreptilien, *Megalosaurus* und *Hylaeosaurus*. Doch erst nach 1841 fasste man diese Tiere in einer Gruppe zusammen. Sir Richard Owen, ein bedeutender Naturforscher jener Zeit, gab ihnen den Gruppennamen Dinosaurier („Schreckensechsen"). Für die Wissenschaftler begann eine aufregende Zeit, die Zeit der weltweiten Dinosaurierjagd (S.52–53).

Zahn aus dem Unterkiefer des *Iguanodon*

Abgenutzte Schneide

Zahn aus dem Oberkiefer

DER ERSTE ZAHN
Die Originalfunde der Mantells: die *Iguanodon*-Zähne sind noch im Sandstein eingebettet. Die Schneiden der Dinosaurierzähne sind vom Pflanzenkauen abgenutzt (S.26–27).

Das „Nashorn" war eigentlich ein Daumendorn.

Langer Peitschenschwanz wie ein Leguan

GROBE SKIZZE
Dr. Mantell hatte eine Reihe von Zähnen und Knochen entdeckt. Doch wie hatte das Tier, von dem sie stammten, wohl im Leben ausgesehen? Mantell stellte es sich als riesige leguanähnliche Echse vor. Er zeichnete es auf einem Zweig sitzend, den Daumendorn (von dem er nur ein Exemplar gefunden hatte) auf der Nase!

Gideon Mantells Originalzeichnung des *Iguanodon*

DER ENTDECKER
Von Beruf war Gideon Mantell Arzt, doch in seiner Freizeit war er ein begeisterter Mineralien- und Fossiliensammler, dessen Haus bald einem Museum glich.

RÄTSELHAFTER KNOCHEN
1809, lange vor der Prägung des Namens Dinosaurier, fand William Smith in Sussex, England, einige Knochen, darunter auch dieses Schienbein. Smith konnte die Knochen damals nicht zuordnen. Erst später identifizierte man sie als *Iguanodon*-Fossilien.

DINNER IM DINOSAURIER
Als das Interesse an Dinosauriern wuchs, wurden im Park des Londoner Kristallpalasts gigantische Modelle errichtet. Vor der Fertigstellung des *Iguanodon*-Modells lud der Bildhauer zu einem Abendessen im Dinosaurier.

WEITERE KNOCHEN
Auch dieses Wirbelsäulenfragment aus der Beckenregion des *Iguanodon* gehört zum Fund der Mantells.

MONSTER IM PARK
Diese *Iguanodon*-Statuen wurden von dem Bildhauer Benjamin Waterhouse Hawkins im letzten Jahrhundert angefertigt. Sie stehen noch heute im Park des Londoner Kristallpalasts – doch eigentlich sahen die Tiere ganz anders aus.

Iguanodon
Schienbein

Die Welt der Saurier

Chiletanne:
Araucaria araucana

ARAUKARIE
Verwandte der Zimmertanne (Araukarie) gab es schon lange vor den Dinosauriern auf der Erde.

KIEFERNKOST
Pflanzen fressende Dinosaurier fanden reichlich Nahrung. Entenschnabelsaurier wie *Parasaurolophus* (oben) konnten mit ihren kräftigen Zähnen und Kiefern auch harte Pflanzenteile, z.B. Kiefernnadeln, zermahlen.

Fast 100 Mio. Jahre lebten die Dinosaurier auf unserer Erde, die sich in dieser langen Zeit natürlich auch veränderte. Die Kontinente, die einst eine einzige große Landmasse bildeten, drifteten auseinander, ein Vorgang, der auch heute noch andauert. Dadurch kam es zu Klimaveränderungen. Beides, Kontinentaldrift und Klimaveränderungen, führten zu Veränderungen der Pflanzenwelt. Diese Vorgänge erfolgten langsam, über Jahrmillionen hinweg, und beeinflussten die Evolution der Tiere entscheidend. Zu Beginn der Dinosaurierzeit prägten niedrige, strauchige, farnartige Pflanzen das Bild der Erde, später riesige Nadelwälder und Cycadeenhaine, bis schließlich die Zeit der Blütenpflanzen anbrach. Viele Pflanzen, die einst den Dinosauriern als Nahrung dienten, gibt es auch heute noch.

DINOSAURIERHEIMAT
In einer solchen von Schachtelhalmen, Farnen und Palmfarnen geprägten Landschaft könnten vor 130 Mio. Jahren Dinosaurier gelebt haben.

PALMFARNWEDEL
Palmfarne (Cycadeen) waren zur Zeit der Dinosaurier weit verbreitet. Heute gibt es nur noch wenige Vorkommen in warmen Ländern.

Nadelbaum:
Pseudotsuga menziesii
(Douglasie)

Passionsblume:
Passiflora sp.

Stechpalme:
Ilex aquifolium

BLÜTENPRACHT

Die ersten Blütenpflanzen traten gegen Ende der Dinosaurierzeit auf. Da sie in den meisten Lebensräumen allen anderen Pflanzen überlegen sind, beherrschten Blütenpflanzen bald fast alle Pflanzengesellschaften auf der Erde. Damit veränderte sich natürlich auch das Menü der Pflanzen fressenden Dinosaurier.

Palmfarn:
Cycas revoluta

Ginkgo:
Ginkgo

MAGNOLIE

Magnolien sind erdgeschichtlich sehr alt. Vor etwa 100 Mio. Jahren begann mit solchen Arten die Zeit der Blütenpflanzen.

Kirschlorbeer:
Prunus laurocerasus
„Otto Luykeres“

Magnolie:
Magnolia loebneri

Farn:
Marattia werneri

Farn:
Blechum sp.

Hartriegel:
Cornus alba

Schachtelhalm:
Equisettum giganteum

Riesen und Zwerge

HAUSHOCH
Dieser französische Stich zeigt ein populäres Saurierbild: ein riesenhaftes Ungeheuer untersucht einen Balkon im fünften Stock eines Pariser Hauses.

Viele Leute denken bei Dinosauriern an gewaltige Tiere, an tonnnenschwere, baumhohe Riesen. Doch es gab auch kleine Dinosaurier, die uns nicht einmal ans Knie gereicht hätten. Die größten Landlebewesen, die es je auf dieser Erde gab, stellte die Dinosauriergruppe der Sauropoden (Elefantenfußsaurier), zu denen ausnahmslos Pflanzenfresser gehörten. Als größter Vertreter dieser Gruppe und somit als größtes Landtier aller Zeiten galt bis vor wenigen Jahren *Brachiosaurus* („Armechse"). Er wog etwa 70 t, war 22 m lang und mit 12 m etwa so hoch wie ein vierstöckiges Gebäude oder eine große Eiche. In den 1970er Jahren fand man mit *Supersaurus* und *Ultrasaurus* noch größere Tiere. 1993 entdeckte man in Südamerika Reste des 40 m langen *Argentinosaurus*. Ein lebender *Argentinosaurus* wog etwa so viel wie 20 Elefanten. Einer der letzten bedeutenden Funde stammt aus Afrika: 2001 fand man dort Knochen eines Dinosauriers, der als *Paralititan* bezeichnet wurde. Das Tier wog etwa genauso viel wie *Brachiosaurus*, war aber bis zu 30 m lang. Im Gegensatz zu diesen friedlichen Riesen waren die kleinen Saurier wie *Compsognathus* (ganz rechts) wendige, geschickte Räuber, die zum Teil nicht schwerer waren als eine Katze.

BRACHIOSAURUS
Von einem solchen *Brachiosaurus* stammt der gewaltige Beinknochen (ganz rechts). Die massigen, säulenartigen Vorderbeine waren länger als die Hinterbeine.

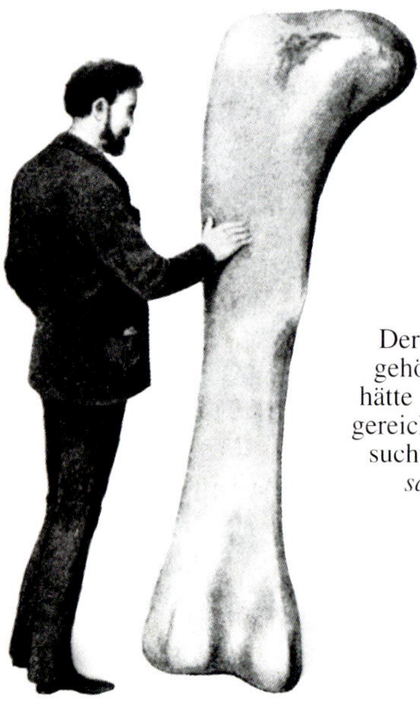

FANTASTISCHER FEMUR
Der Femur (Oberschenkelknochen) rechts gehörte einem *Brachiosaurus*. Ein Mensch hätte dem *Brachiosaurus* kaum bis zum Knie gereicht. Der Mann auf dem linken Bild untersucht den 2,1 m langen Femur eines *Apatosaurus*, einer anderen Sauropodenart.

Teil eines großen *Brachiosaurus*-Oberschenkelknochens, vom Kniegelenk aufwärts.

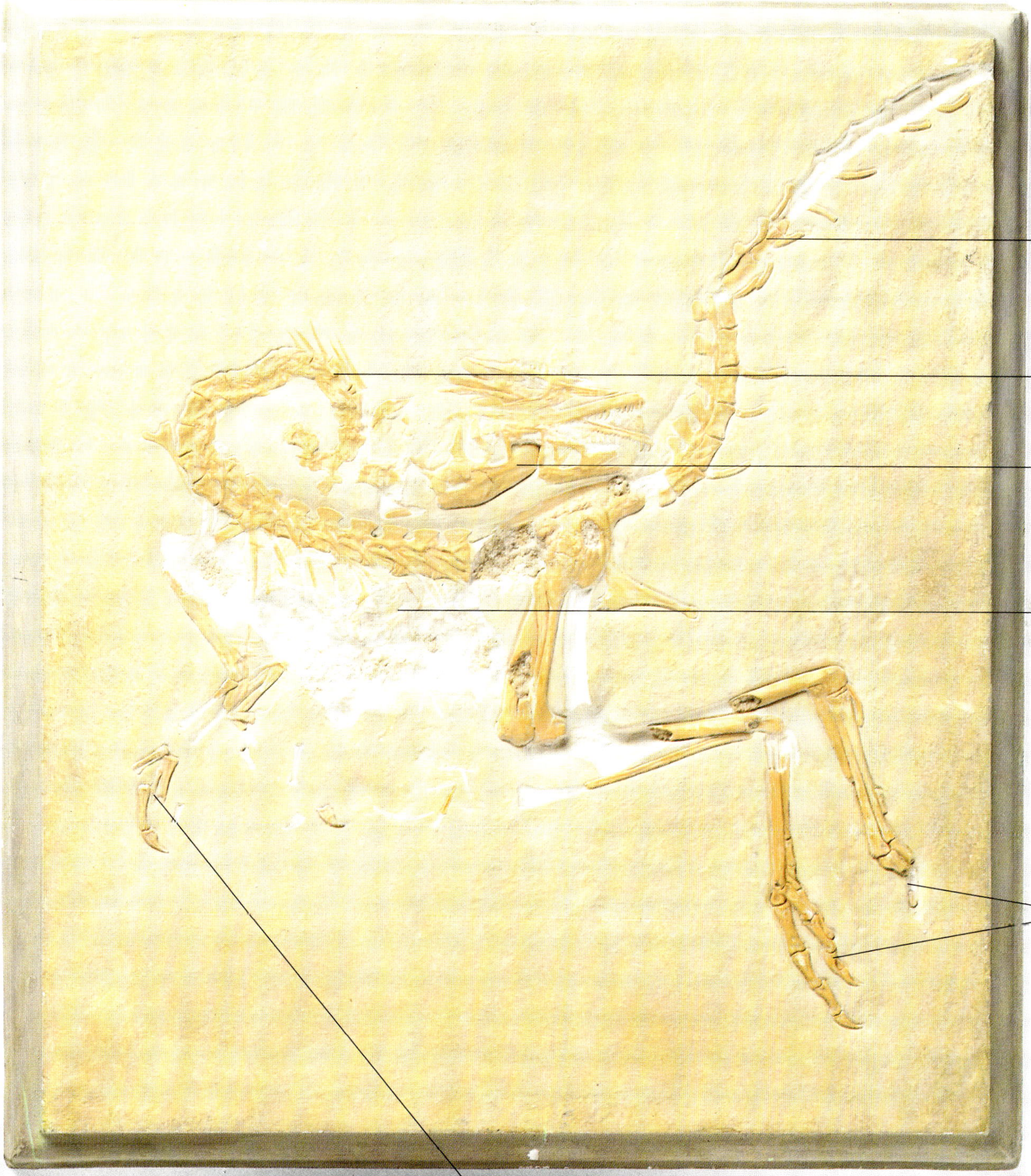

ZWERG UNTER RIESEN
Compsognathus (Fossil oben) war einer der kleinsten bekannten Dinosaurier. Beim abgebildeten Fossil handelt es sich um ein Jungtier. Ausgewachsene Tiere hatten etwa die Größe eines Huhns. Auffällig ist die starke Ähnlichkeit der Beine mit denen der Laufvögel – wohl eine Parallelentwicklung.

Compsognathus war etwa so groß wie ein Hahn.

KLEIN UND FLINK
Compsognathus war ein kleiner Räuber mit schnellen Beinen. Er besaß kleine, spitze Zähne und ernährte sich von verschiedenen kleinen Tieren. Insekten, Frösche und Schnecken gehörten wohl ebenso zu seiner Nahrung wie kleine Eidechsen.

Langhalsiges Ungeheuer

Im Vergleich zum Körper sehr kleiner Kopf

Das riesige Skelett, das sich über die nächsten acht Seiten erstreckt, stammt von einem der größten Dinosaurier, von *Diplodocus* („Doppelbalken"), der wie der unten abgebildete *Brachiosaurus* zu den Sauropoden (S.12) gehörte. Diplodocus war eine seltsame Erscheinung mit langem Hals, langem Schwanz und einem Kopf, der sich im Vergleich zum übrigen Körper recht klein ausnahm. Sein Körperbau erlaubte *Diplodocus* die hohen Bäume der zu seiner Zeit ausgedehnten Nadelwälder abzuweiden. Mit seinem kleinen Kopf konnte er Stellen erreichen, an die kein anderer Dinosaurier gelangte. Zum Wipfelabweiden benötigte er auch einen spezialisierten Hals. Dieser musste kräftig, leicht und biegsam sein, damit er ihn leicht heben und senken konnte. Sobald ein Wald abgeweidet war, zogen die *Diplodocus*-Herden weiter zu neuen Nahrungsgründen. Wurde *Diplodocus* von einem Räuber angegriffen, besaß er nur sein Gewicht und seinen Peitschenschwanz als Waffe (S.21–22).

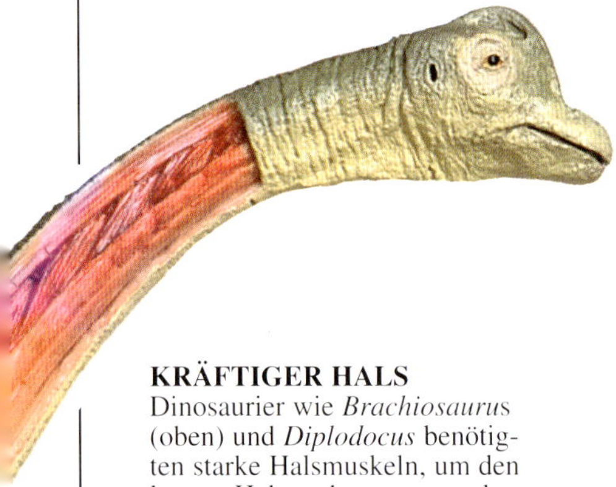

KRÄFTIGER HALS
Dinosaurier wie *Brachiosaurus* (oben) und *Diplodocus* benötigten starke Halsmuskeln, um den langen Hals zu bewegen, und ein kräftiges Herz, damit das Blut bis in den Kopf gepumpt werden konnte.

KURZ UND BEWEGLICH
Im Gegensatz zu *Diplodocus* benötigten räuberisch lebende Dinosaurier wie *Tyrannosaurus rex* („Tyrannenechse", links) einen kurzen, kräftigen, aber biegsamen Hals. Der Hals musste kurz sein, um den massigen Kopf tragen zu können. Biegsamkeit war nötig, damit *Tyrannosaurus* durch Drehung des Kopfes die Beute zerreißen konnte.

DICKER HALS
Der Hals von *Triceratops* (links) musste kurz und sehr kräftig sein, um den schweren Kopf tragen zu können. Diese Kraft wurde nicht nur zum Abreißen derber Pflanzennahrung eingesetzt, sondern auch im Kampf gegen Feinde und Nebenbuhler (S.30–31).

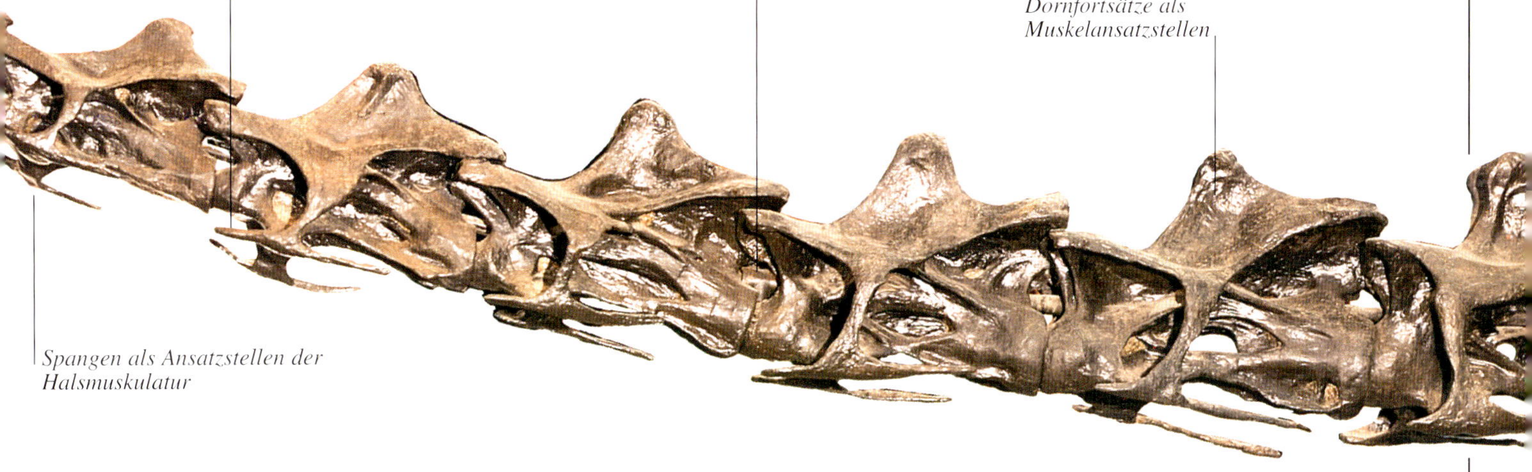

Das Ungeheuer geht weiter …

WEIDETIER AUS DEM JURA
Der riesige Körper lässt vermuten, dass *Brachiosaurus* den ganzen Tag gefressen haben muss. Er zog als Herdentier umher und hatte seine Weidegründe in Auenwäldern und Waldlichtungen mit Koniferen, Cycadeen und Farnen. Fossile Überreste sind in Afrika, Europa und Amerika gefunden worden. Mit erhobenem Kopf konnte *Brachiosaurus* die Blätter riesiger Bäume erreichen, mit gesenktem Kopf an niedrig wachsenden Farnen knabbern.

EIN HALS ALS KRAN
Der Hals des *Diplodocus* funktionierte etwa so wie ein Kran. Der lange Ausleger, an dem der Kranhaken befestigt ist, entspricht dem Hals. Die schwere Kranbasis, die ein Umstürzen des Krans verhindert, entspricht dem plumpen Körper des *Diplodocus*. Da der Ausleger leicht, aber stabil sein muss, besteht er aus einem Stahlgerüst. *Diplodocus* besaß leichte, aber sehr stabile Halswirbel und konnte so seinen Hals wie einen Kranarm heben und senken.

Rückgrat eines Riesen

Das enorme Gewicht des *Diplodocus*, das getragen und bewegt werden musste, erforderte ganz bestimmte Anpassungen im Körperbau. Eine wichtige Rolle kam dabei der Wirbelsäule zu. Sie musste stark genug sein, um das große Gewicht von Hals, Schwanz und Bauch tragen zu können. Doch die Knochen besaßen Hohlräume und waren so relativ leicht. Schmale, nach oben abstehende Dornfortsätze dienten der Verankerung der kräftigen Rückenmuskulatur. Lange Rippen gaben dem riesigen Leib Halt und schützten die inneren Organe des Tiers.

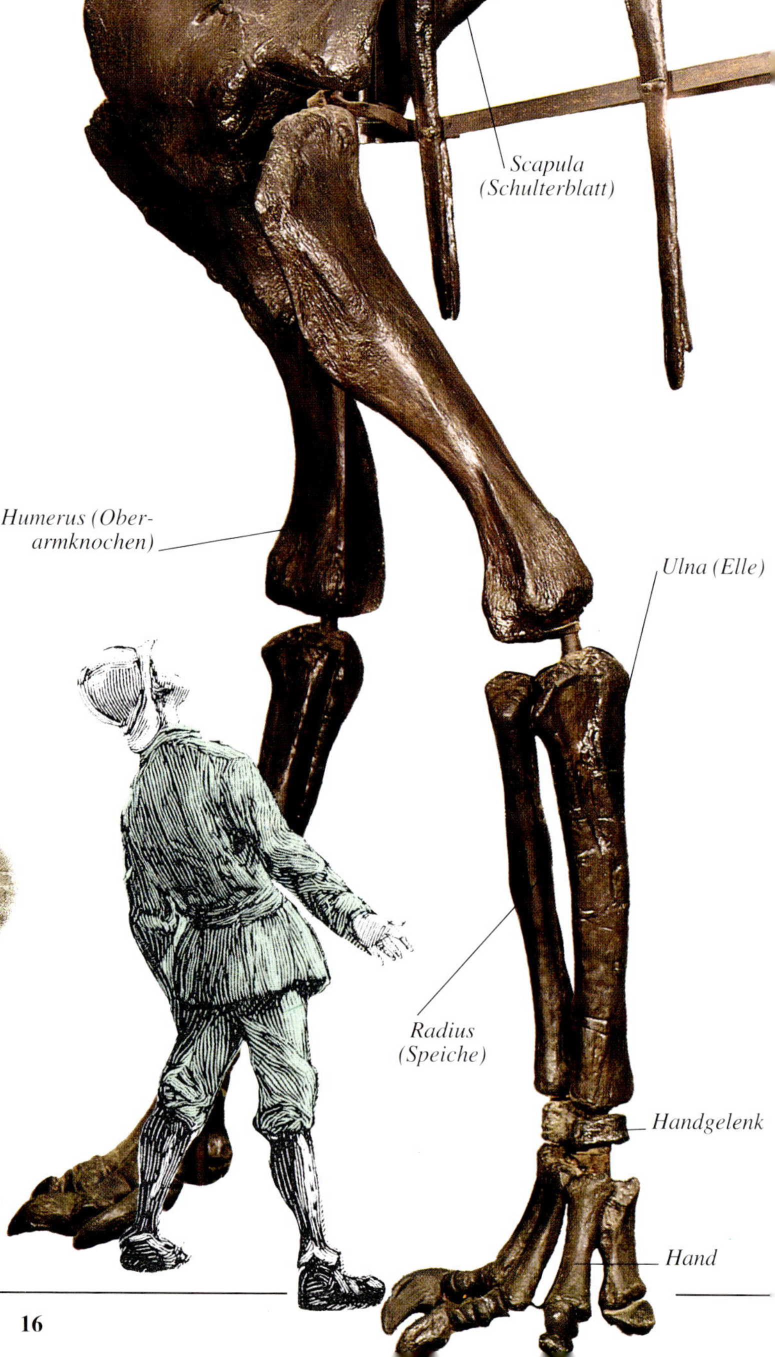

Der Zeustempel in Athen

BEINE WIE SÄULEN
Die kräftigen Beine des *Diplodocus* trugen den Körper wie die Säulen dieses griechischen Tempels das schwere Steindach. Die Beinknochen waren dick und massiv und konnten so das Gewicht des Dinosauriers tragen.

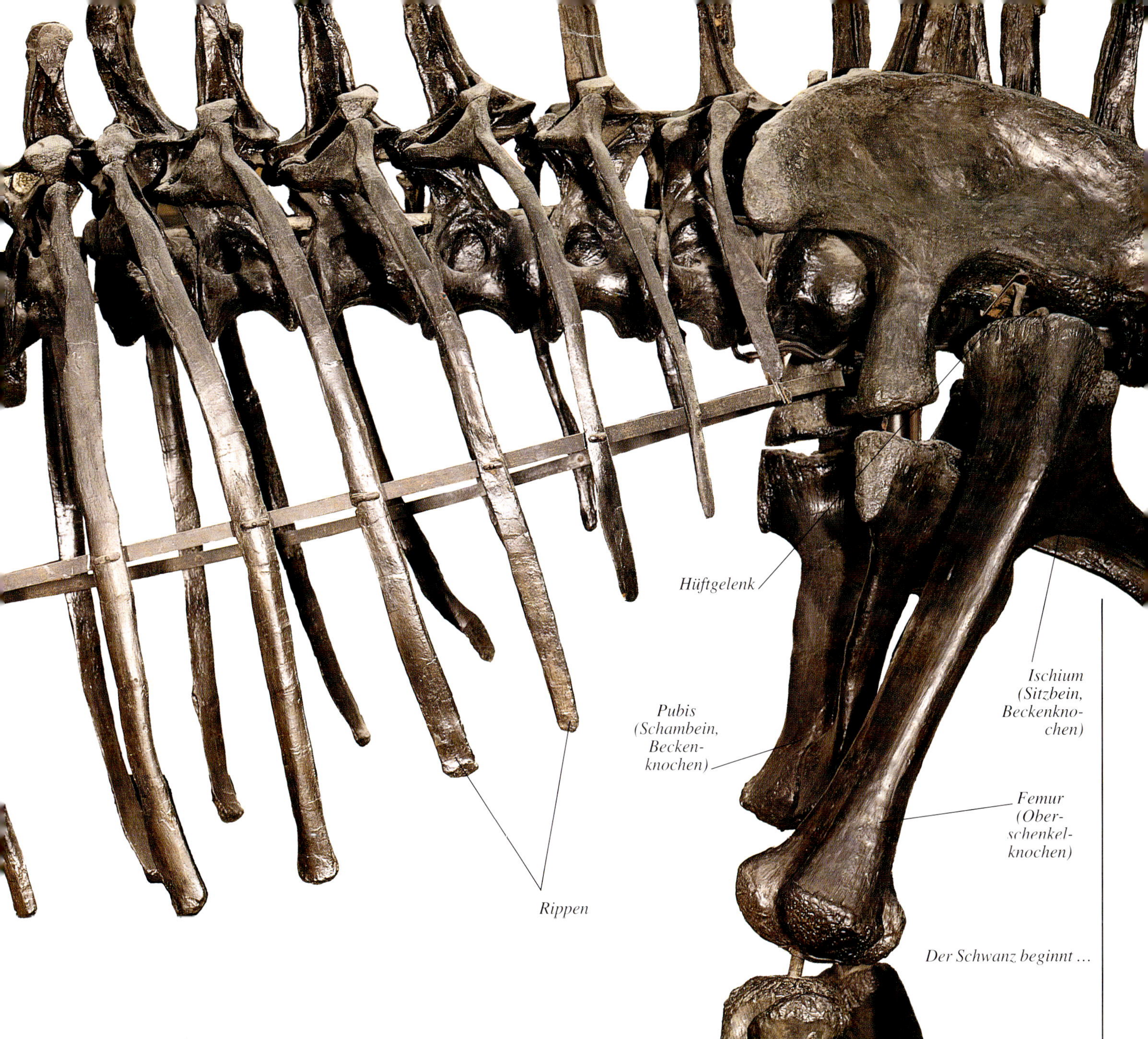
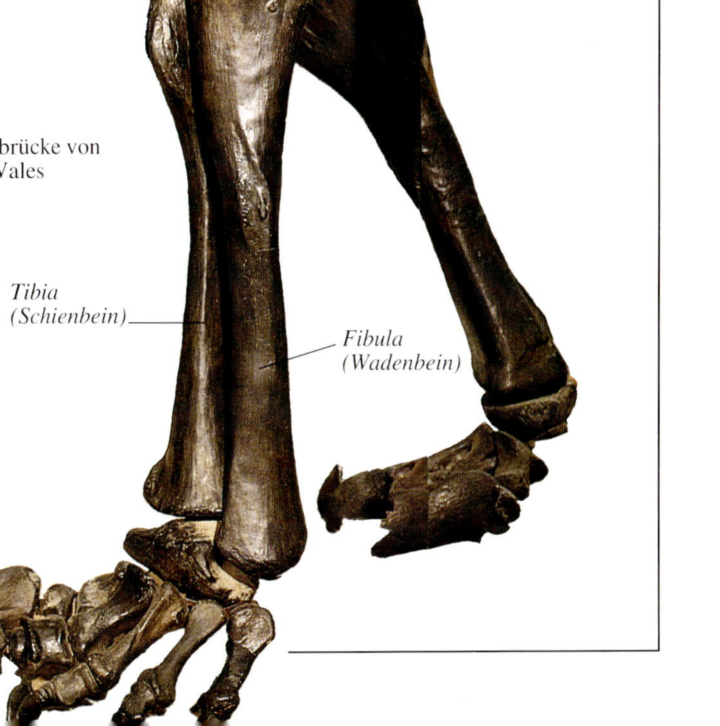

Die Hängebrücke von Menai in Wales

BRÜCKENARCHITEKTUR
Die Architektur des *Diplodocus*-Rückens lässt sich mit der einer Hängebrücke vergleichen. Die Vorder- und Hinterbeine entsprechen den Stützpfeilern auf beiden Seiten der Brücke. Die Stahlseile, die über die Pfeiler gespannt sind, tragen die Fahrbahn, ähnlich wie die Wirbelsäule des Dinosauriers, die als Verbindung der Beinpaare das Körpergewicht nutzen kann, um Hals und Schwanz anzuheben.

DAS BOXENDE KÄNGURU
Kängurus können sich, z.B. zum Putzen, auf die Hinterbeine setzen und mit dem Schwanz abstützen. Beim Kämpfen treten sie, nur auf den Schwanz gestützt, mit beiden Beinen nach dem Gegner, wie hier zu sehen ist. Doch boxen Kängurus in der Regel ohne Boxhandschuhe.

Zweikampf zwischen Känguru und Boxer

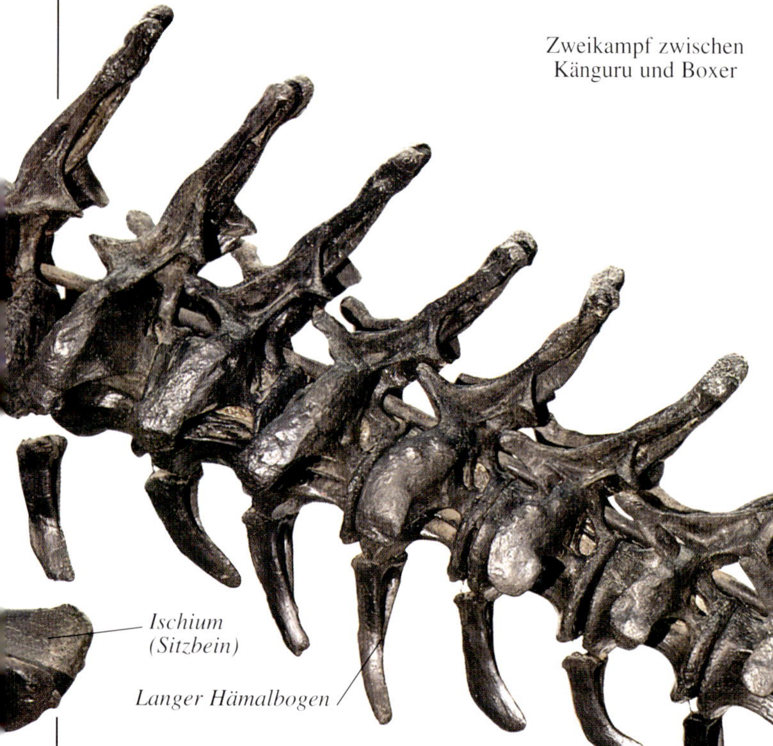

Ischium (Sitzbein)

Langer Hämalbogen

Die Hämalbögen werden zur Schwanzmitte hin immer abgeflachter.

Wozu dient ein Schwanz?

Die wichtigste Aufgabe des Schwanzes bei den heute noch lebenden Reptilien ebenso wie bei den Dinosauriern ist und war es, den kräftigen Muskeln zur Beinbewegung einen Ansatzpunkt zu geben. Diese Muskeln ziehen sich von den Seiten der Schwanzknochen bis zum Oberschenkel. Sauropoden wie *Diplodocus* benutzten den Schwanz auch als Stütze. Um die Vegetation der Baumwipfel abzuweiden, stellten sie sich auf die Hinterbeine und stützten sich mit dem Schwanz ab. Schnell laufenden zweibeinigen Dinosauriern diente der Schwanz zur Balance beim Rennen. Manche Pflanzenfresser benutzen ihn auch als Abwehrwaffe.

Diplodocus stellte sich zum Fressen auf die Hinterbeine

BALANCEAKT
Bis vor kurzem glaubten die Wissenschaftler, dass Sauropoden nur auf allen vieren laufen konnten. Doch genauere Untersuchungen ergaben, dass sich diese Riesen zum Fressen auf die Hinterbeine stellten.

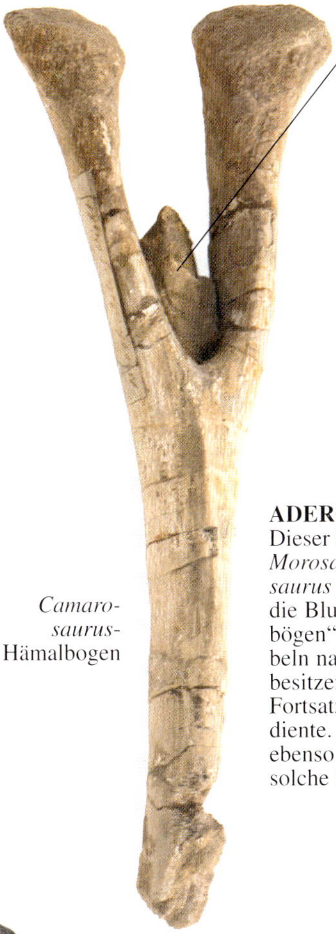

Camarosaurus-Hämalbogen

ADERGABEL

Dieser Knochen stammt von einem *Morosaurus*, einem heute *Camarosaurus* genannten Sauropoden. Solche die Blutgefäße umgreifenden „Hämalbögen“ ragten von den Schwanzwirbeln nahe dem Becken herab. Unten besitzen diese Knochen einen langen Fortsatz, der als Muskelansatzstelle diente. Alle Dinosaurier besaßen, ebenso wie die heutigen Reptilien, solche Hämalbögen.

Schwanzwirbel eines Ceratopiers

WIRBEL EINES CERATOPIERS

Dieser Schwanzwirbel gehörte einem Ceratopier oder Horndinosaurier (S.30–31). Die Fortsätze an beiden Seiten dienten als Ansatzpunkte kräftiger Muskeln, die an den Schwanzseiten entlangliefen.

Der Schwanz geht weiter …

Diplodocus-Hämalbogen

DIPLODOCUS-FORTSATZ

Zur Schwanzmitte hin wurden die Hämalbögen bei *Diplodocus* flacher und kahnförmiger wie das abgebildete, von oben fotografierte Exemplar. Solche Hämalbögen könnten dem Schutz der Schwanzunterseite, die über den Boden schleifte, gedient haben.

BALANCIERSCHWANZ

Einige kleine Raubdinosaurier wie *Deinonychus* („Schreckensklaue“, unten) streckten den Schwanz beim Rennen steif nach hinten. Er diente dabei wohl als Balancierstange und beim Kurvenlaufen als Steuerruder. Anders als die Abbildung zeigt, geht man heute davon aus, dass *Deinonychus* wahrscheinlich gefiedert war.

Deinonychus

Verteidigung

Für viele Pflanzen fressende Dinosaurier war der Schwanz eine wirksame Abwehrwaffe, die das Fehlen scharfer Zähne und Klauen wettmachte. Dinosaurier wie die Sauropoden besaßen einen langen, dünnen Schwanz, den sie als Peitsche einsetzten. Außer ihrer erschreckenden Größe war er ihr wichtigstes Mittel zur Verteidigung. Panzerdinosaurier (Ankylosaurier) besaßen knöcherne Schwanzkeulen und waren von Kopf bis Fuß durch einen Knochenpanzer geschützt. Die Stachelschwanzechsen (Stegosaurier, S.34–35) besaßen mit ihrem dicken, starken Schwanz, dessen Ende zwei Paare fast einen Meter langer Dornen trug, eine gefährliche Waffe. Auch heute lebende Reptilien benutzen den Schwanz zur Verteidigung. Krokodile schlagen mit ihrem schweren, schuppigen Schwanz nach Angreifern, Eidechsen besitzen Peitschenschwänze. Doch kein lebendes Reptil kann mit ähnlich beachtlichen, mit Dornen und Knochenkeulen versehenen Verteidigungswaffen aufwarten wie manche Dinosaurier.

LAUFENDER DORNBUSCH
Dieser Panzerdinosaurier, *Gastonia,* hatte die Länge einer großen Echse. Im Gegensatz zu anderen Ankylosauriern wie *Euoplocephalus* (rechts unten) besaß er keinen schweren Keulenschwanz, doch sein Schwanz war wie der Rest seines Körpers mit scharfen Stacheln gespickt – eine ausgezeichnete Verteidigungswaffe.

NÜTZLICHER SCHWANZ
Scelidosaurus, ein Pflanzenfresser, war hauptsächlich durch seine gepanzerte Haut vor Feinden geschützt. Doch auch sein langer Schwanz könnte bei der Flucht nützlich gewesen sein. Vielleicht diente er zur Balance, wenn der Saurier sich aufrecht auf den Hinterbeinen aus dem Staub machte.

DORNTEUFEL
Auch heute noch leben von Kopf bis Fuß hervorragend gepanzerte Reptilien. Dieser Moloch, eine Eidechse der Trockengebiete Australiens, benötigt nicht einmal spezielle Schwanzwaffen. Welcher Räuber versucht sich schon an solch einem Stacheltier?

Tödliche Waffen

Bei den Dinosauriern, die ihren Schwanz als Verteidigungswaffe einsetzten, handelte es sich ausnahmslos um vierbeinige Pflanzenfresser (S.26). Zweibeiner wie die Entenschnabelsaurier (S.28) benötigten den Schwanz als Stütze, er besaß daher keine Dornen oder Keulen. Ihre Verteidigung war Tarnung oder schnelle Flucht. Die Peitschenschwänze der Sauropoden, z.B. von *Diplodocus*, konnten einem Räuber wohl schmerzhafte Schläge versetzen. Der Anblick der Furcht erregenden, drohend erhobenen Keulen und Dornen der Ankylosaurier und Stegosaurier reichte sicherlich oft schon aus, um Feinde abzuschrecken.

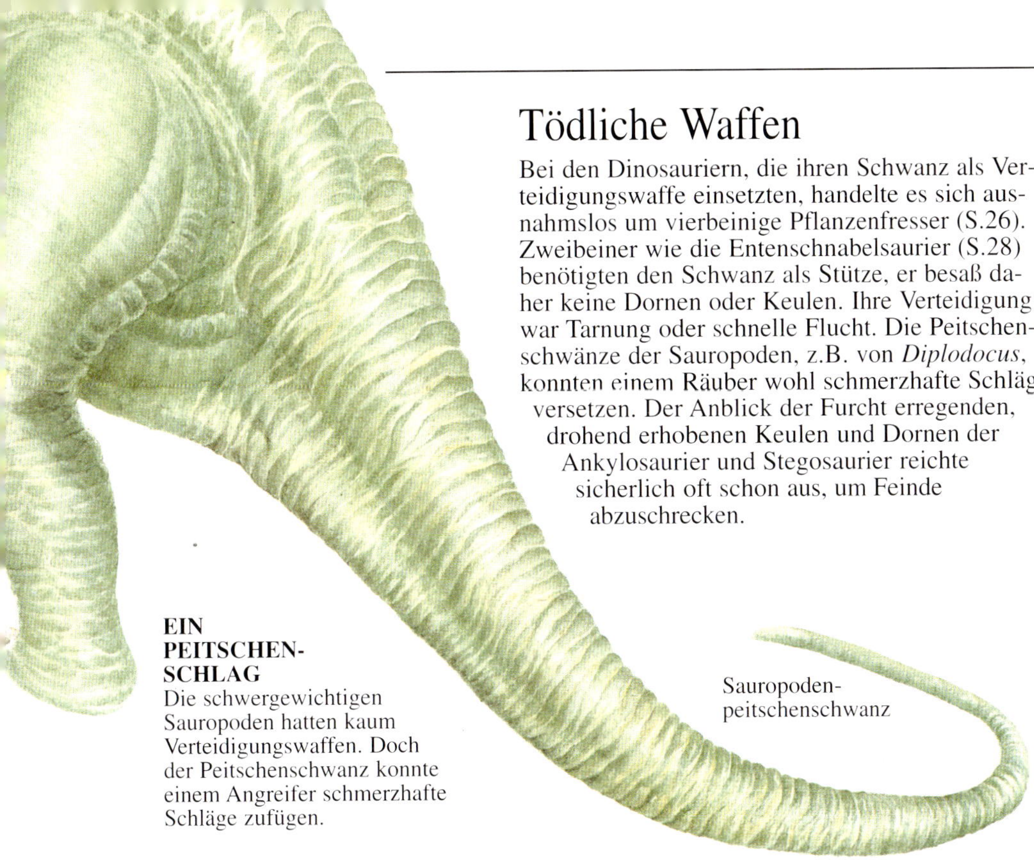

EIN PEITSCHEN-SCHLAG
Die schwergewichtigen Sauropoden hatten kaum Verteidigungswaffen. Doch der Peitschenschwanz konnte einem Angreifer schmerzhafte Schläge zufügen.

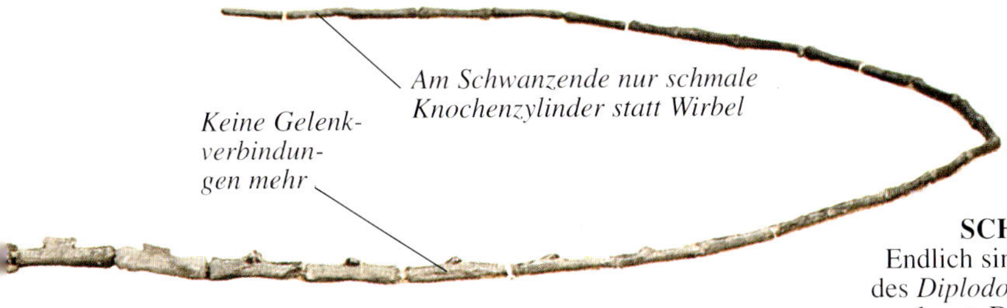

SCHWANZENDE
Endlich sind wir am Ende des *Diplodocus*-Schwanzes angelangt. Die Knochen am Schwanzende mussten keine Muskeln tragen und sind daher nur dünne Stäbchen. Dadurch wird der Schwanz zu einer wirksamen Peitsche.

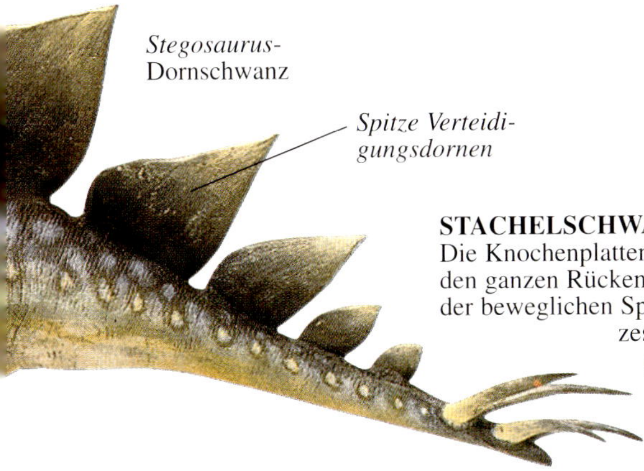

STACHELSCHWANZECHSE
Die Knochenplatten von Stegosaurus liefen über den ganzen Rücken hinab. Die Dornen saßen an der beweglichen Spitze, an dem Teil des Schwanzes, der bei einem Schlag die größte Geschwindigkeit erreichte, und konnten daher tödlich sein.

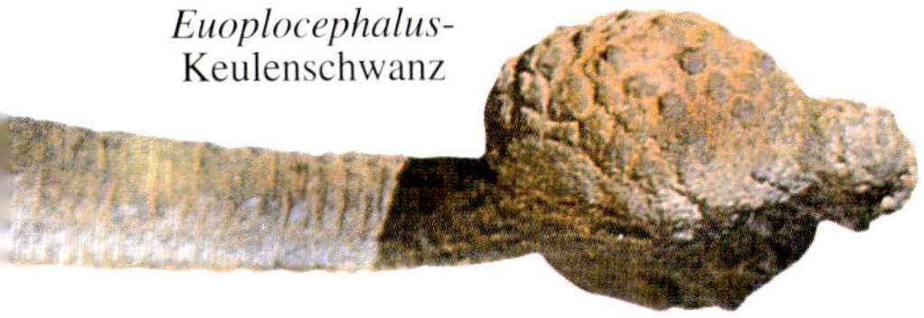

SCHWANZKEULE
Der Schwanz dieses Panzerdinosauriers endete in einer großen, schweren Knochenkeule. Sie bestand aus mehreren Knochenschwellungen, die in einem Klumpen angeordnet waren. Solche Keulen erreichten Durchmesser von bis zu 1 m. Der Besitzer dieser Keule, *Euoplocephalus*, benötigte besonders kräftige Schwanzmuskeln, um vernichtende Schläge austeilen zu können.

SCHWANZSTACHEL
Dieser Dorn eines *Stegosaurus*-Schwanzes ist in halber Lebensgröße abgebildet. Er war beim lebenden Tier von einer dicken Hornschicht überzogen und am Ende sehr spitz. Gegen den weichen Bauch eines Räubers geschlagen konnte der Dorn diesem eine ernsthafte Verletzung beibringen.

AM FLUSS
Diese Darstellung aus dem frühen 20. Jh. zeigt eine Landschaft vor etwa 190 Mio. Jahren mit räuberischen Dinosauriern, schwimmenden Echsen und fliegenden Pterosauriern. Obwohl diese prähistorischen Reptilien zur gleichen Zeit lebten, ist es unwahrscheinlich, dass sie auf so engem Raum beheimatet waren.

Ernährung

Viele stellen sich Saurier als Fleisch fressende Ungeheuer vor. Doch eine ganze Reihe von Dinosauriern waren friedliche Pflanzenfresser, die das Laub von den Bäumen abweideten. Andere ernährten sich wie wir von einer Mischkost aus Fleisch und Pflanzen. Die räuberisch lebenden Dinosaurier jagten nicht nur andere Dinosaurier, sondern alles, was sich bewegte, auch Insekten und Vögel. An den versteinerten Resten der Dinosaurier lässt sich zum Teil ablesen, wovon sie sich ernährt haben. Die wichtigsten Hinweise geben Stellung und Form der Kiefer und Zähne. Auch die Körperproportionen lassen Rückschlüsse auf den Nahrungserwerb zu: Raubsaurier besaßen oft große Köpfe mit muskulösen Hälsen, sodass sie Fleischstücke von der Beute abreißen konnten. Die langen Hälse mancher Pflanzenfresser waren beim Abweiden der Baumwipfel nützlich.

PFLANZENFRESSERSCHÄDEL *links*
Dieser Schädel gehörte dem riesigen, Pflanzen fressenden Dinosaurier *Diplodocus*. Die stiftartigen Zähne sitzen alle im vorderen Bereich des Mauls. *Diplodocus* benutzte sie wohl wie einen Rechen, mit dem er Blätter von den Bäumen riss.

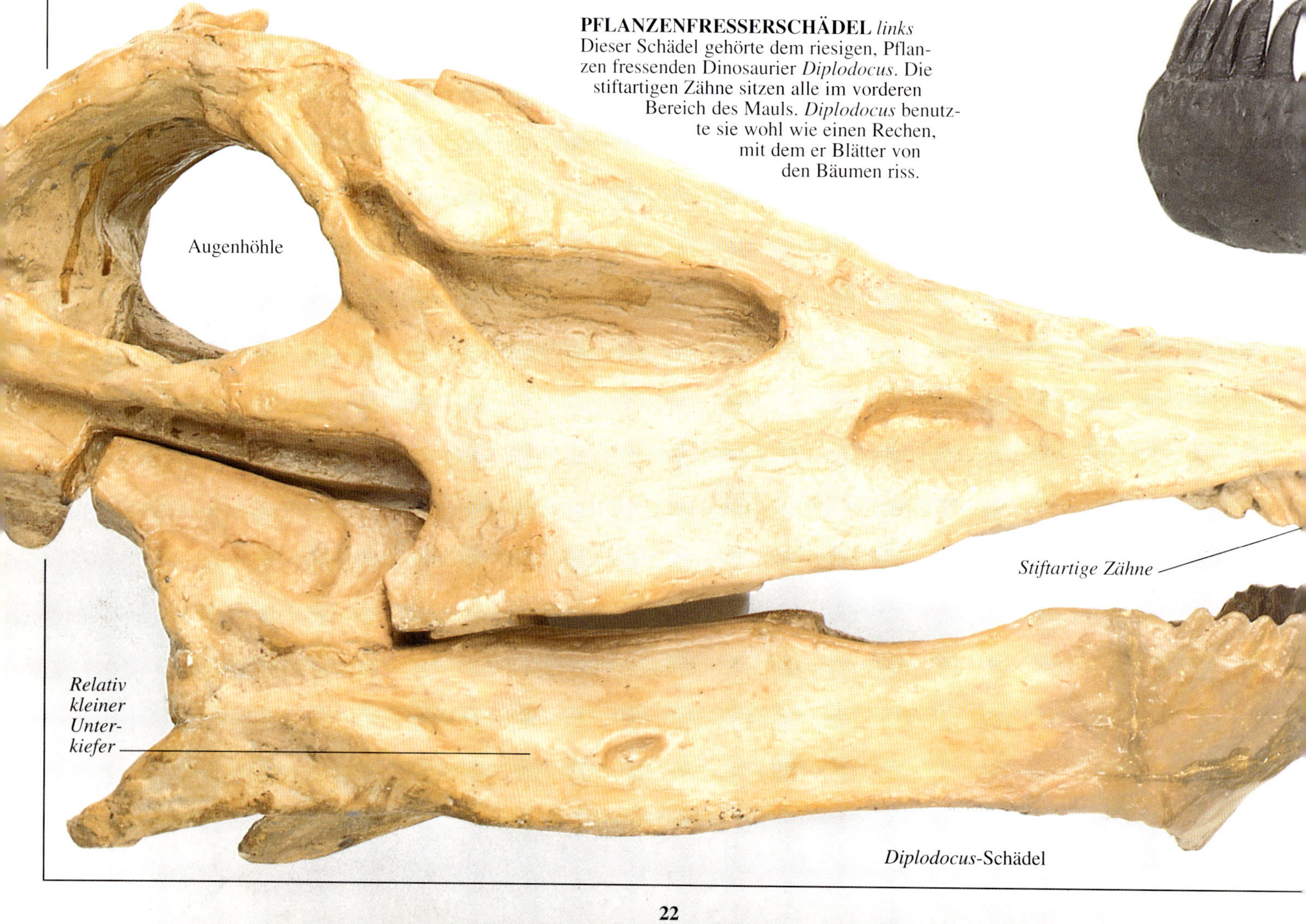

Diplodocus-Schädel

SCHARFE ZÄHNE

Die Furcht erregenden, dolchartig gebogenen Sägezähne im *Allosaurus*-Schädel (unten) sind typische Raubsaurierzähne. Durch die „Fenster“ im massigen Schädel wurde das Gewicht des Schädels gering gehalten. *Allosaurus* ernährte sich wohl von jungen, Pflanzen fressenden Dinosauriern. Ein ausgewachsener *Diplodocus* wäre für ihn zu groß gewesen, es sei denn, *Allosaurus* jagte in Rudeln.

Allosaurus-Schädel

Seismosaurus

SEISMOSAURUS-IMBISS

Der Schädel dieses riesigen Sauropoden war dem von *Diplodocus* (siehe links) sehr ähnlich. *Seismosaurus* hatte hakenförmige Zähne an der Vorderseite der Kiefer. Er benutzte sie wie eine Harke, um die Nadeln und Blätter der Koniferen abzuweiden.

Massospondylus-Schädel (unten)

ALLESFRESSER

Massospondylus besitzt keine hoch spezialisierten Zähne, weder spitze, gesägte Raubdinosaurierzähne noch eindeutige Kauzähne. Mit den kleinen, raukantigen Zähnen konnte er Fleisch und Pflanzenkost kauen, er war also ein Allesfresser.

Fleischfresser

Die räuberischen Dinosaurier gehören fast alle der Gruppe der Theropoden („Raubtierfüßer“) an, bei der man wiederum drei Gruppen unterscheidet: Carnosaurier, Coelurosaurier und Deinonychosaurier (S.19, 42, 43). Die Carnosaurier („Fleischechsen“) waren große Tiere mit dicken Köpfen, kräftigen Beinen und kurzen Armen. Wie alle Theropoden liefen sie auf zwei Beinen, wahrscheinlich aber, wegen ihres Gewichts, recht behäbig. Die massigen Köpfe waren notwendig um die gewaltigen Kiefer unterzubringen, die große, dolchartig gebogene Zähne mit Sägekante trugen. Carnosaurier jagten andere Dinosaurier oder ernährten sich von Aas. Sie töteten ihre Beute mit den scharf bekrallten Füßen und rissen mit ihren ebenfalls bekrallten Händen und ihren Zähnen Fleischstücke vom Beutetier ab. Die Coelurosaurier („Hohlschwanzechsen“) waren im Gegensatz zu den Carnosauriern leicht gebaute, kleine Tiere mit langen schmalen Kiefern. Sie konnten sehr schnell rennen und jagten kleine Säuger und Insekten. Oft begnügten sie sich auch mit den Überresten einer Carnosauriermahlzeit. Von den Coelurosauriern leiten sich auch die Deinonychosaurier ab, wendige, mittelgroße Tiere mit „schrecklichen Klauen“.

KLEIN ABER GEFÄHRLICH
Der Zahn eines Dinosauriers (links) kann kleiner sein als ein menschlicher Schneidezahn (rechts). Dieser Zahn gehörte *Troodon*, dem bisher einzigen bekannten Fleisch fressenden Vogelbeckensaurier.

Der König

Tyrannosaurus rex ist wohl der bekannteste Carnosaurier. Er brachte es auf die beachtliche Länge von 15 m und hatte einen massigen Schädel mit mächtigen Kiefern, die bis zu 18 cm lange Sägezähne trugen. Die kleinen Arme benutzte das Tier wohl zum Aufrichten aus dem Liegen.

Nach hinten gebogene Zähne geben besseren Halt in der Beute.

Unterkiefer eines *Gorgosaurus*

NUTHETES ZAHN
Dieser im Gestein eingebettete Zahn stammt von *Nuthetes*, einem kleinen Räuber.

KLEINER HAUER
Nicht alle Tyrannosaurierzähne waren riesig. Dieser kleine Zahn diente als Widerhaken in der Beute.

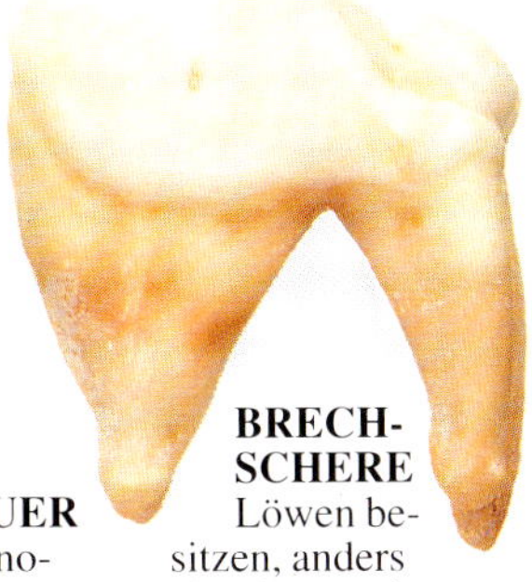

BRECHSCHERE
Löwen besitzen, anders als Dinosaurier, spezielle Zähne zum Fleischschneiden.

NEUER ZAHN
Raubsaurierzähne wuchsen zeitlebens nach. Abgenutzte Zähne wurden ständig ersetzt. Dieser Zahn ist ein neuer Megalosaurierzahn.

DER GRÖSSTE ...
Dieser Zahn eines *Megalosaurus* zeigt die typische Raubtierform. Die Kanten sind scharf und fein gesägt. Die Risse in diesem Zahn entstanden bei der Versteinerung.

VERLORENE SCHLACHT
Dieser viktorianische Stich zeigt ein *Iguanodon* (links) im Kampf mit einem *Megalosaurus* (rechts). Der Künstler stellte das *Iguanodon* mit scharfen Zähnen dar, doch eigentlich war es ein Pflanzenfresser, das gegen einen *Megalosaurus* kaum eine Chance gehabt hätte. Das „Nashorn" war eigentlich ein Daumendorn, der die einzige Waffe des *Iguanodon* darstellte (S.8–9).

Ceratosaurus-Schädel (unten)

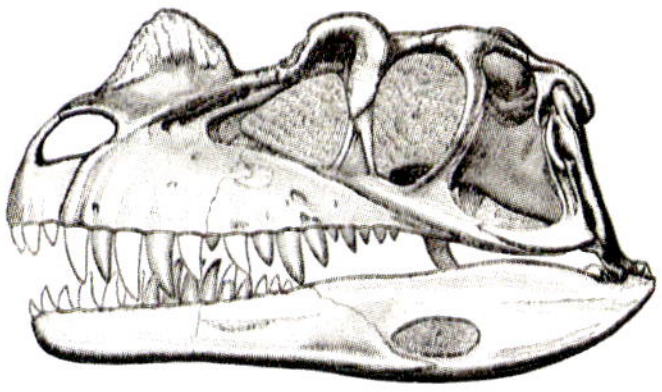

TODBRINGENDES GEBISS
Dieser *Gorgosaurus*-Unterkiefer (links) erstreckte sich über die ganze Schädellänge. Kräftige Kiefermuskulatur, die sich hinter dem Auge hochzog, setzte an der zahnlosen Region an. Diese Muskulatur ermöglichte kraftvolles Zubeißen, die Beute konnte nicht mehr entrinnen. Der oben abgebildete *Ceratosaurus*-Schädel zeigt denselben Carnosaurier-Grundbauplan.

Pflanzenfresser

Pflanzen fressende Dinosaurier fraßen u.a. Koniferen wie diesen Eibenzweig.

Viele Dinosaurier waren Pflanzenfresser, so auch die größten, die Sauropoden (S.12–13) und mit Ausnahme von *Troodon* (S.24) alle Vogelbeckensaurier (S.6). Vegetarische Nahrung ist schwerer zu verwerten als Fleisch. Pflanzen bestehen aus harten Bausteinen wie Zellulose und dem Holzstoff Lignin und müssen zerkleinert werden, bevor sie in Magen und Darm verdaut werden können. Die Dinosaurier hatten verschiedene Wege der Nahrungszerkleinerung entwickelt: Die Sauropoden kauten überhaupt nicht, sie schluckten die gerupften Pflanzenteile einfach hinunter. Im Magen wurden sie mit speziell für diese Aufgabe aufgenommenen Magensteinen (Gastrolithen) zermahlen oder mit Hilfe von Bakterien zersetzt wie im Pansen einer Kuh. Die Entenschnabelsaurier besaßen spezielle Zahnbatterien, mit denen sie die Nahrung vor dem Hinunterschlucken zerkleinerten. Die Horndinosaurier zerkleinerten harte Pflanzen mit besonders kräftigen Kiefern und scherenartigen Zähnen.

ZARTE ZÄHNE
Diese kleinen Zähne im Kiefer eines *Echinodon*, eines der kleinsten Pflanzen fressenden Dinosaurier, besaßen stachelige Ränder wie die eines Leguans, eines Allesfressers.

Praedentale, ein zusätzlicher Unterkieferknochen, der nur bei Vogelbeckensauriern auftritt

Horndinosaurierschnabel

SCHERENZAHN
Dieser Zahn stammt von einem Horndinosaurier wie *Triceratops* (ganz unten). Pflanzenteile wurden mit dem Schnabel (ganz links) abgerissen und anschließend mit den scharfen Zähnen zerkleinert.

Kerbe für die nächste Zahngeneration

Palmfarn

Kiefernzapfen

HART UND ZÄH
Manche Wissenschaftler glauben, dass die Horndinosaurier eine Anpassung an neue Arten harter Pflanzen darstellten. Sie fraßen die Blätter der Palmfarne (links) und vielleicht auch Kiefernzapfen (oben).

SCHNABEL ZUM PFLÜCKEN
Ein Horndinosaurierschnabel (S.30) war ideal zum Abpflücken und Abreißen kräftiger Pflanzen. Die rauen Riefen und Dellen stellen die Ansatzpunkte der Hornummantelung dar. Das breitere Unterteil des Knochens (Praedentale) saß fest am Unterkiefer an.

FÜRS KAUEN GEBAUT
Triceratops (S.30–31) besaß, wie viele andere Horndinosaurier auch, kräftige Kiefer und scharfe Zähne zum Zerkleinern der Nahrung. Er fraß harte, faserige Pflanzen.

DER GRÖSSTE MAHLZAHN

Entenschnabelsaurier besaßen das spektakulärste Gebiss aller Dinosaurier. Hunderte scharfer Zähne waren entlang beider Seiten des Ober- und Unterkiefers in komplizierter Anordnung zu einer Zahnbatterie aufgereiht und bildeten ein Pflaster mit scharfen Schneidekanten. Abgenutzte Zähne wurden fortlaufend durch neue ersetzt, die die obere Zahnanlage hochdrückten, wie man bei diesem *Edmontosaurus*-Kiefer (unten) sehen kann.

ZWISCHENMAHLZEIT

Solche Palmfarnwedel fraßen Dinosaurier vor Millionen von Jahren.

Edmontosaurus-Kiefer

Edmontosaurus

MIT GEBELL

So sah ein *Edmontosaurus*, von dem der oben abgebildete Kiefer stammt, aus. Er besaß etwa 1000 kräftige Backenzähne. Die lockere Gesichtshaut konnte er aufblasen und so bellende Geräusche erzeugen. Entenschnabelsaurier konnten auch Nahrung in ihren Backen horten – wie Hamster.

Scharfe Kante zum Schneiden

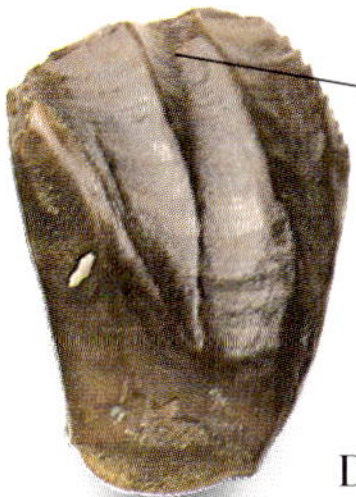

Vom Pflanzenkauen abgenutzter Zahn

ABNUTZUNG

Diese Abbildungen zeigen einen neuen (links) und einen abgenutzten Zahn (rechts) eines *Iguanodon*. Solche Abnutzungserscheinungen sind auf harte Nahrungsbestandteile wie Cellulose und Lignin zurückzuführen sowie mit der Nahrung aufgenommenen Staub und Sand.

URALT

Manche Nahrungspflanzen der Dinosaurier gibt es auch heute noch, u.a. Palmfarne, Schachtelhalme, Farne und Kiefern (S.10–11).

Sauropoden-Löffelzahn

Wurzel

Sauropoden-stiftzahn

Ankylosaurier-zahn

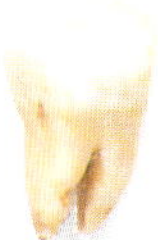

Menschlicher Backenzahn

ZAHNGALERIE

Sauropodenzähne waren löffelförmig zum Abbeißen oder stiftförmig zum Abreißen der Nahrung. Die Ankylosaurier (Panzerdinosaurier, S.33) besaßen kleine Zähne, die nur für weiche Pflanzenteile geeignet waren. Flache Kauzähne, wie wir sie haben, hatten Dinosaurier nicht.

Farnwedel

Kiefernnadel

Schachtelhalm

UNGEKRÖNT
Die verschiedenen Entenschnabelsaurier ähnelten sich im Körperbau sehr stark, doch in ihren Kopfformen unterscheiden sich die einzelnen Arten beträchtlich. Manche, wie dieser *Anatosaurus*, besaßen keinen Kamm. Mit ihrem Entenschnabel streiften sie Blätter von den Bäumen.

Helme, Kämme, Schnäbel

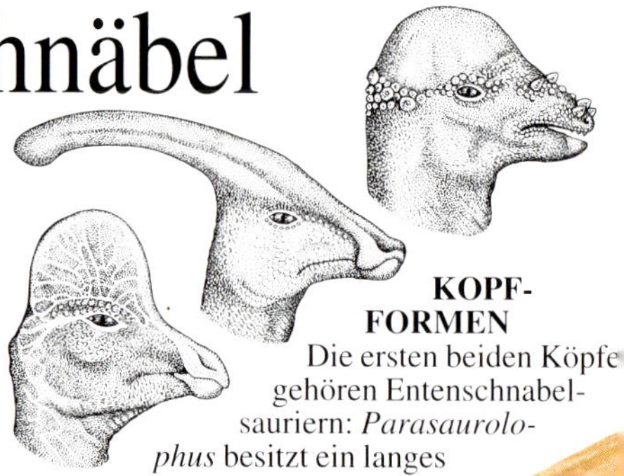

KOPFFORMEN
Die ersten beiden Köpfe gehören Entenschnabelsauriern: *Parasaurolophus* besitzt ein langes Horn, *Corythosaurus* („Helmechse") einen helmförmigen Kamm. Der Kopf rechts gehört *Pachycephalosaurus*, einem Helmdinosaurier.

Einige Saurier besaßen recht eigenartige Schädel mit bizarren Knochenvorsprüngen, Wülsten, Kämmen, Dornen, Höckern und Helmen. Wie bei vielen heutigen Reptilien, Vögeln und Säugern bizarre Formen und leuchtende Farben zum Anlocken eines Geschlechtspartners und als Rangordnungszeichen unter Artgenossen eine Rolle spielen, könnte dies auch bei den Dinosaurierköpfen der Fall gewesen sein. Im Kampf dienten die Knochenbildungen als Angriffs- oder Verteidigungswaffe, als natürlicher Schutzhelm oder stabiler Rammbock. Die bemerkenswertesten Kopfformen finden wir bei den Entenschnabelsauriern (Hadrosauriern), deren Name auf ihre breiten, zahnlosen Schnäbel zurückgeht. Bei ihnen scheinen die hohlen Kämme auch im Dienst der Schallverstärkung gestanden zu haben.

Parasaurolophus-Schädel

HUT ZUM HUPEN

Der langgezogene, hohle Kamm auf dem Schädel des *Parasaurolophus* stellte die Fachwelt lange Jahre vor ein Rätsel. Zuerst deutete man ihn als Schmuck, dann als Luftreservoir beim Tauchen oder als Nasenverlängerung zur Verbesserung des Geruchssinns. Heute erklärt man sich die hohle Röhre als Schallresonanzapparat, der der Erzeugung eines trompeten- oder hupenartigen Tons diente und als Geschlechtsmerkmal. Die Weibchen besaßen weniger auffällige Kämme.

Pachycephalosaurus-Schädel

RAMMBOCK

Der 80 cm lange Kopf des Helmsauriers *Pachycephalosaurus* („Dickschädelechse") besaß ein stark verdicktes Schädeldach, mit dem sich die Männchen in der Paarungszeit stießen bzw. Feinde abwehrten, wie dies Schaf- und Ziegenböcke tun.

DROHEND ERHOBEN

Pachycephalosaurus hat sich vielleicht laut bellend erhoben, bevor er zum Angriff überging.

Psittacosaurus-Schädel

KEINE ENTENGRÜTZE

Wegen ihrer zahnlosen Schnäbel weden Hadrosaurier oft als Wasserpflanzen fressende Sumpfbewohner dargestellt. Doch die meisten waren Landtiere und konnten harte Pflanzennahrung von den Bäumen reißen und mit ihren kräftigen Kiefern zermahlen.

Parasaurolophus beim Fressen

PAPAGEIENKOPF?

Dieser seltsame Kopf gehörte einem *Psittacosaurus*, einer Papageienechse. Der scharfe Papageienschnabel konnte mit Leichtigkeit derbe Blätter und holzige Äste durchbeißen.

VOGELSCHNABEL

Psittacosaurus besaß zwar einen scharfen Schnabel wie ein Papagei, doch sonst bestanden keine Ähnlichkeiten.

Das Dreihorn

WIE EIN NASHORN
Dieses Modell eines *Triceratops* beruht auf Untersuchungen kompletter Skelette und kommt der Wirklichkeit wohl ziemlich nahe. Die Ähnlichkeit mit einem Rhinozeros ist unverkennbar.

Triceratops („dreihörniges Gesicht") gehörte zu den Ceratopiern (Horndinosauriern). Die Ceratopier besaßen große, massive Knochenschilder, die vom Schädelhinterrand über den Nacken bis unter die Schultern verliefen, Hörner über der Nase und hinter den Augen sowie einen schmalen Hakenschnabel. Meist waren sie plumpe Vierbeiner wie unsere heutigen Nashörner und alle waren Pflanzenfresser. An verschiedenen Standorten fand man mehrere Fossilien einer Art. Daraus schließt man, dass diese Tiere in Herden umherzogen. Im Verlauf der Ceratopier-Evolution wurde ihr „Kopfschmuck" immer ausgeprägter. *Triceratops*, der „König der Ceratopier", lebte gegen Ende der Dinosaurierzeit und besaß die mächtigsten Hörner und den imposantesten Nackenschild in dieser Gruppe: Sein Kopf machte fast ein Drittel der gesamten Körperlänge aus. Mit gesenktem Kopf, nach vorn gerichteten Hörnern und der gewaltigen Masse, die dahinter steckte, konnte *Triceratops* wohl auch einen hungrigen *Tyrannosaurus rex* in die Flucht schlagen (S.24).

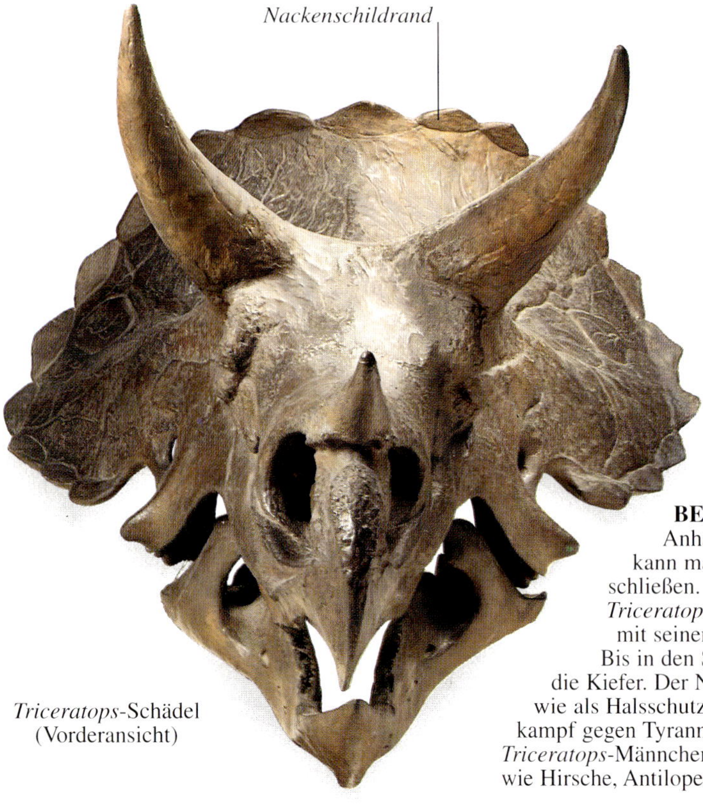

Triceratops-Schädel (Vorderansicht)

BERÜHMTER SCHÄDEL
Anhand seines auffallenden Schädels kann man auf die Lebensweise des *Triceratops* schließen. Mit dem scharfen Hakenschnabel kniff *Triceratops* harte, faserige Pflanzenteile ab, die er dann mit seinen scharfen, scherenartigen Zähnen klein schnitt. Bis in den Schild hinaufziehende kräftige Muskeln bewegten die Kiefer. Der Nackenschild diente ebenso als Ansatz für die Muskulatur wie als Halsschutz. Die spitzen Hörner setzte *Triceratops* im Verteidigungskampf gegen Tyrannosaurier ein, aber auch im Kampf gegen Nebenbuhler. *Triceratops*-Männchen lieferten sich wahrscheinlich ähnliche Horngefechte wie Hirsche, Antilopen und Schafböcke während der Paarungszeit.

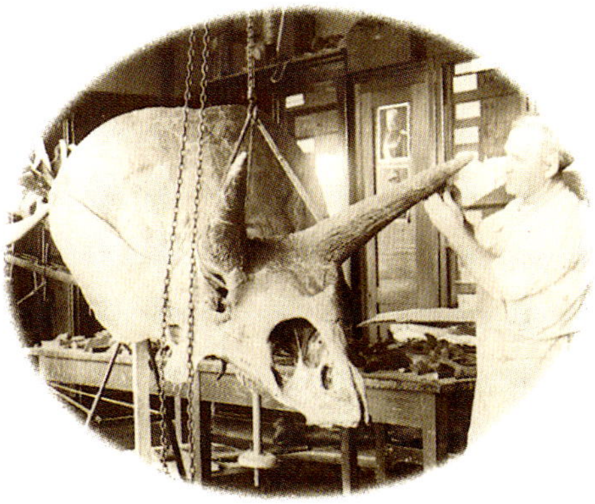

SCHWERARBEIT
Hier wird der dreihörnige Schädel eines *Triceratops* rekonstruiert.

Triceratops-Schädel (Seitenansicht)

Krötenechse

MODERNE HALSKRAUSE
Auch lebende Echsen wie diese Krötenechse besitzen Hörner und eine Halskrause. Durch Aufrichten des Nackenschilds erscheinen sie größer und können so Feinde und Nebenbuhler einschüchtern.

STACHLIGER STYRACOSAURUS
Dieser Ceratopier war ungefähr halb so lang wie *Triceratops*, aber nicht weniger beeindruckend. *Styracosaurus* hatte mehrere imposante Stacheln am Nackenschild und ein längeres Schnauzenhorn. Wenn er seinen Kopf zur Abwehr von Feinden senkte, muss er sehr imponierend gewesen sein.

Knochenpanzer und Lederhaut

Wie sah die Haut der Dinosaurier aus? Versteinerte Hautabdrücke zeugen von einer schuppigen Haut, wie man sie auch bei heutigen Reptilien findet, in manchen Fällen mit einer zusätzlichen Schutzpanzerung. Für das Landleben musste die Dinosaurierhaut ganz bestimmte Anpassungen besitzen. Wie die Haut moderner Reptilien war sie drüsenarm, robust und hornig. Während Amphibien mit ihrer feuchten, drüsenreichen Haut auf feuchte Lebensräume angewiesen sind, stellt die derbe Reptilienhaut einen guten Schutz vor Austrocknung durch Sonne, Luft und Wind dar. Eine feste, schuppige Haut schützt das Tier auch, wenn es beim Laufen auf dem Land am Boden oder zwischen Steinen entlang schlüpft oder stürzt. Hautabdrücke von Dinosauriern, wie sie die Abbildungen zeigen, sind meist klein, da die Haut des Tiers nach dessen Tod zu schnell verweste, um zu versteinern. Doch in einigen wenigen Fällen sind fast vollständige Körperabdrücke erhalten. Wahrscheinlich lebten die Dinosaurier, von denen die Abdrücke stammen, in sehr trockenen Gebieten, die Haut trocknete ein, bevor sie vom Flugsand bedeckt wurde. Aus dem Sand wurde Sandstein, der so fest an der Haut saß, dass beim Verschwinden der Haut ein genauer Abdruck zurückblieb. Farben und Farbmuster der Dinosaurierhaut aber bleiben unbekannt, sodass Dinosaurier meist in dumpfen Grün- und Brauntönen dargestellt werden.

FARB-FUNKTIONEN
Vielleicht waren Dinosaurier ebenso leuchtend gefärbt wie diese Agame. Die Hautfarbe kann der Tarnung oder auch als Warnsignal dienen. Für diese Eidechse ist die Farbe für die Revierabgrenzung und bei der Partnersuche wichtig.

GEPANZERTER SÄUGER
Das Gürteltier mit seinem Knochenpanzerschutz zeigt Ähnlichkeiten mit den Ankylosauriern, den Panzerechsen (rechts). Auch diese hielten sich bei Gefahr nah am Boden. Kaum ein Räuber konnte ihre harte Schale knacken.

EINZELPLATTE
Knotige Knochenplatten waren zusätzlich zu den größeren überlappenden Knochenplatten in die Haut des *Polacanthus* eingelagert. Dadurch war der Panzer zwar schwer, aber beweglich.

Polacanthus
Hautabdruck

Knotige Erhebungen zum Schutz

KNOTIGE HAUT
Dieser Hautabdruck stammt von dem gepanzerten Dinosaurier *Polacanthus*. Er war kurzbeinig, seitlich abgeflacht, etwa 4 m lang und besaß entlang des Rückens spitze Dornen. Diese Dornen und die überlappenden Panzerplatten hielten wohl manch einen hungrigen Räuber vom Angriff ab.

WIE EIN KROKODIL?
Krokodile, ebenfalls Reptilien, besitzen eine ähnliche Haut wie die Dinosaurier – eine ideale Anpassung an das Landleben. Die knotige Haut dieses „grinsenden“ Krokodils zeigt eine große Ähnlichkeit mit dem *Polacanthus*-Abdruck (links).

Mittelleiste einer kleinen Knochenplatte

KLEINE ANKYLOSAURIERKUNDE

Ankylosaurier besaßen einen aus dicken Knochenplatten zusammengesetzten Panzer. Die Panzersaurier waren kurzbeinig, plump und stämmig. Sie sahen aus wie riesige Gürteltiere, besaßen kleine Kiefer mit schwacher Bezahnung und ernährten sich von Pflanzen. Wurden sie von Raubsauriern bedroht, drückten sie sich wahrscheinlich fest an den Boden, klammerten sich fest und vertrauten auf ihren Schutzpanzer.

DAS KOMPLETTE TIER
So könnte einer der größten Ankylosaurier ausgesehen haben. *Edmontonias* Panzer besaß Stacheln zum Schutz von Schultern und Flanken und mehrere Reihen Knochenplatten.

PANZERPLÄTTCHEN

Die kleinen, ovalen Knochenplatten der Ankylosaurier saßen mit der Basis am Rücken an, die breite Mittelleiste stellte eine gute Panzerung dar. Die Knochenplatte war von einer Hornschuppe (wie von einem Fingernagel) überzogen, deren Ansatzstellen in der Abbildung oben als Grübchen zu erkennen sind.

Kleinere Schuppen für höhere Beweglichkeit

Sauropodenhautabdruck

Größere Schuppen an weniger beweglichen Körperstellen

UNGEPANZERT UND SCHUPPIG

Im Vergleich zur Haut der Ankylosaurier ist die der Sauropoden relativ glatt. Der Abdruck stammt von einem dem *Diplodocus* ähnlichen Saurier (S.14–21). Die Haut war schuppig, aber nicht verknöchert wie bei den Ankylosauriern, und bot daher weniger Schutz gegen Angreifer. Die dicht gepackten Schuppen besaßen biegsame Ränder, die gute Beweglichkeit ermöglichten. Sie waren, wie in der Abbildung zu sehen, unterschiedlich groß, die kleinen saßen dort, wo die Haut am dehnbarsten sein musste.

Stachelschwanzechsen

PLATTEN-DEBATTEN
Die Forscher sind sich nicht einig, ob die Knochenplatten von *Stegosaurus* so wie hier abwechselnd oder paarweise in zwei Reihen auf dem Rücken angeordnet waren. Die Platten waren von wabenartigen Hohlräumen durchzogen – keine sehr wirksame Panzerung.

Eine der ungewöhnlichsten Sauriergruppen war die der Stegosaurier benannt nach dem nordamerikanischen Dinosaurier *Stegosaurus*. Neben der typischen Doppelreihe von Knochenplatten entlang des Rückens besaßen Stegosaurier spitze Dornen am Schwanzende, die zur Verteidigung dienten und ihnen ihren deutschen Namen „Stachelschwanzechsen" eintrugen. Trotz ihres Furcht erregenden Aussehens waren die Stegosaurier ausnahmslos Pflanzenfresser. Sie liefen meist auf allen vieren und weideten niedrige Vegetation ab. Der Kauapparat der Stegosaurier eignete sich nur für weiche Pflanzen. Der Name Stegosaurier (wörtlich übersetzt „überdachte Echse") geht auf die Vermutung zurück, dass die Knochenplatten flach auf dem Rücken lagen wie Dachziegel auf einem Dach. Eine solche Anordnung hätte wohl einen besseren Schutz gegen Raubsaurier dargestellt, doch standen nach heute vorherrschender Meinung die Platten in zwei Reihen aufrecht auf dem Rücken und dienten dem Wärmeaustausch. Sie waren nicht am Skelett festgewachsen, sondern in die Haut eingebettet.

VERSUCH UND IRRTUM
Dies ist einer der ersten Versuche einen Stegosaurier darzustellen. Statt Knochenplatten hat er igelartige Stacheln auf dem Rücken. Der Fund fossiler Hüftknochen legt nahe, dass zumindest ein Stegosaurier, *Stegosaurus*, sich auf seinen Hinterbeinen aufrichten konnte.

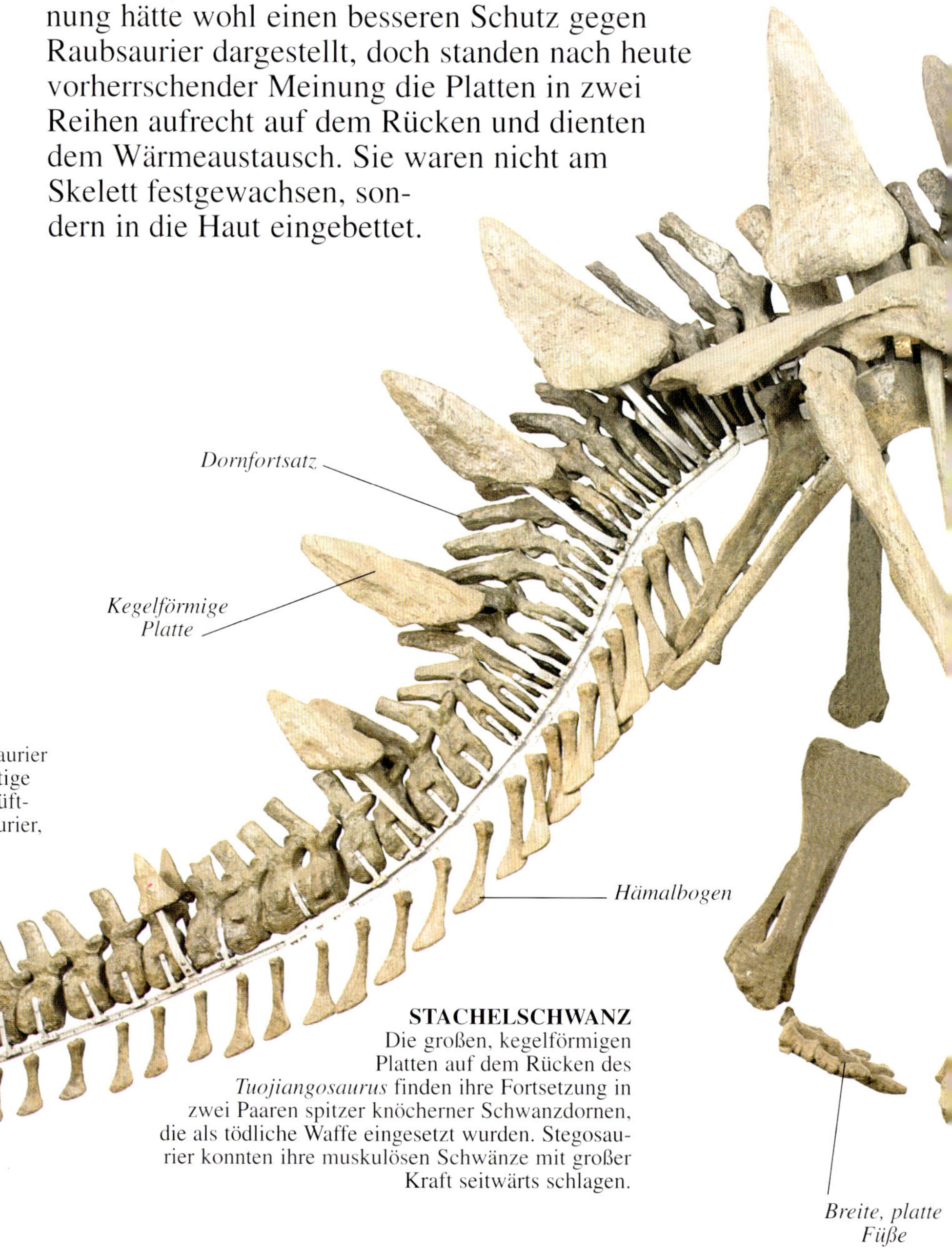

STACHELSCHWANZ
Die großen, kegelförmigen Platten auf dem Rücken des *Tuojiangosaurus* finden ihre Fortsetzung in zwei Paaren spitzer knöcherner Schwanzdornen, die als tödliche Waffe eingesetzt wurden. Stegosaurier konnten ihre muskulösen Schwänze mit großer Kraft seitwärts schlagen.

SONNENSEGEL
Dimetrodon, ein urtümliches Reptil – älter als die Dinosaurier – benutzte sein großes Rückensegel, um an kalten Tagen die Sonnenstrahlen zum Aufheizen einzufangen, was man auch bei einigen Stegosauriern vermutet.

Manche Stegosaurier nutzten die Sonnenenergie.

Knochenplatte eines *Stegosaurus*

HEIZPLATTE
Diese kleinere Platte aus der Halsregion eines *Stegosaurus* ist in halber Lebensgröße abgebildet. Die großen, flachen Knochen dienten wie das Rückensegel von *Dimetrodon* (oben links) zur Wärmeaufnahme und -abgabe. Die Platten waren stark durchblutet; das Blut hatte hier die gleiche Funktion wie das Wasser in der Zentralheizung. Im Wind wurde es gekühlt, beim Sonnenbaden aufgeheizt, der Dinosaurier konnte so seine Körpertemperatur regeln.

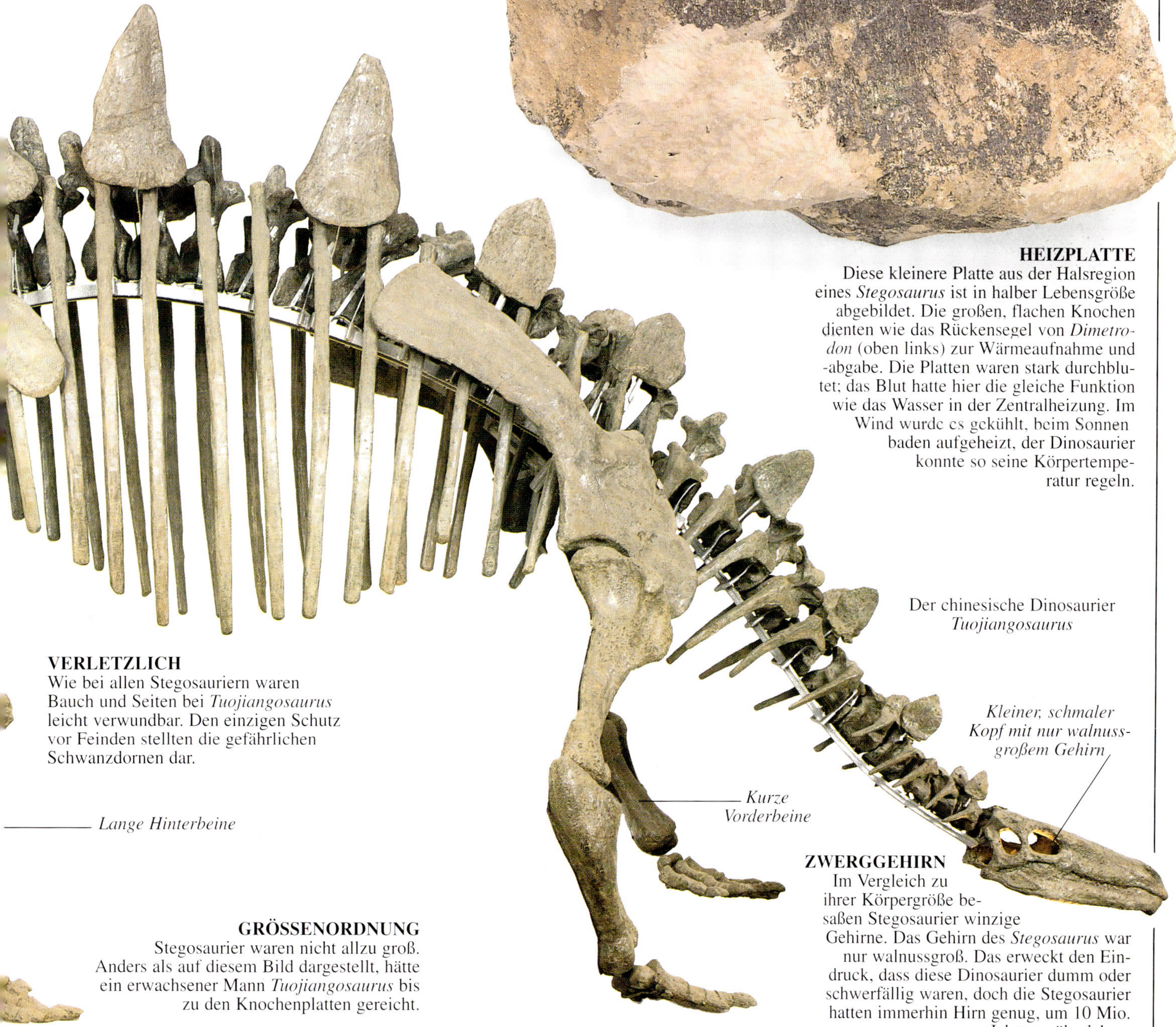

Der chinesische Dinosaurier *Tuojiangosaurus*

Kleiner, schmaler Kopf mit nur walnussgroßem Gehirn

Kurze Vorderbeine

Lange Hinterbeine

VERLETZLICH
Wie bei allen Stegosauriern waren Bauch und Seiten bei *Tuojiangosaurus* leicht verwundbar. Den einzigen Schutz vor Feinden stellten die gefährlichen Schwanzdornen dar.

GRÖSSENORDNUNG
Stegosaurier waren nicht allzu groß. Anders als auf diesem Bild dargestellt, hätte ein erwachsener Mann *Tuojiangosaurus* bis zu den Knochenplatten gereicht.

ZWERGGEHIRN
Im Vergleich zu ihrer Körpergröße besaßen Stegosaurier winzige Gehirne. Das Gehirn des *Stegosaurus* war nur walnussgroß. Das erweckt den Eindruck, dass diese Dinosaurier dumm oder schwerfällig waren, doch die Stegosaurier hatten immerhin Hirn genug, um 10 Mio. Jahre zu überleben.

Gut zu Fuß

Nicht alle Dinosaurier waren schwerfällige Riesen; vielmehr gab es sehr flinke Arten, die schnell fliehen bzw. Beute jagen konnten. Im Gegensatz zu schnellen Säugetieren wie den Pferden, die auf vier Beinen laufen, benutzten diese Dinosaurier nur die Hinterbeine zum Rennen. Daher sahen sich die schnellen Läufer alle ziemlich ähnlich. Mit langen, schlanken Hintergliedmaßen waren sie an die hohen Laufgeschwindigkeiten angepasst. Der übrige Körper war meist leicht und relativ kurz, ein schlanker Schwanz diente der Balance. Die meist etwas schwächeren Arme trugen kurzbekrallte Hände, der Hals war lang und trug einen kleinen Kopf. Manche dieser flinken Dinosaurier konnten Geschwindigkeiten von bis zu 56 Kilometern in der Stunde erreichen und waren damit fast so schnell wie ein Rennpferd. Ihre Schnelligkeit kam den Pflanzenfressern bei der Flucht vor Räubern zugute. Bei den Fleischfressern wiederum bestimmte die Laufgeschwindigkeit den Jagderfolg. Im Wettlauf der Evolution entstanden immer schnellere Pflanzenfresser auf der Flucht vor immer schnelleren Räubern.

STRAUSSENFORM
Struthiomimus sah einem Strauß ziemlich ähnlich und rannte wohl in der gleichen Weise. Vielleicht war der Kopf sogar gefiedert. Die auffälligsten Unterschiede stellen die bekrallten Arme (anstelle der Straußenflügel) und der lange knöcherne Schwanz dar.

VERSCHIEDENE ZÄHNE
Dieser *Heterodontosaurus* („verschieden bezahnte Echse") war nur 1 m lang. Er besaß drei verschiedene Zahntypen, lebte jedoch rein vegetarisch.

KEIN ZUPACKER
Der mit *Struthiomimus* (oben links) nah verwandte *Gallimimus* erinnert mit seinem zahnlosen Schnabel sehr an einen Vogel. Die winzigen Hände waren zum Greifen nicht geeignet.

AUF DIE PLÄTZE, FERTIG, LOS!
Kleine, wendige, Pflanzen fressende Dinosaurier wie *Hypsilophodon* (unten) gehörten zu den schnellsten Läufern ihrer Zeit. Auf Grund von Beinmessungen und Körperbauvergleichen mit modernen Tieren schätzen Fachleute ihre Höchstgeschwindigkeit auf etwa 45 Stundenkilometer.

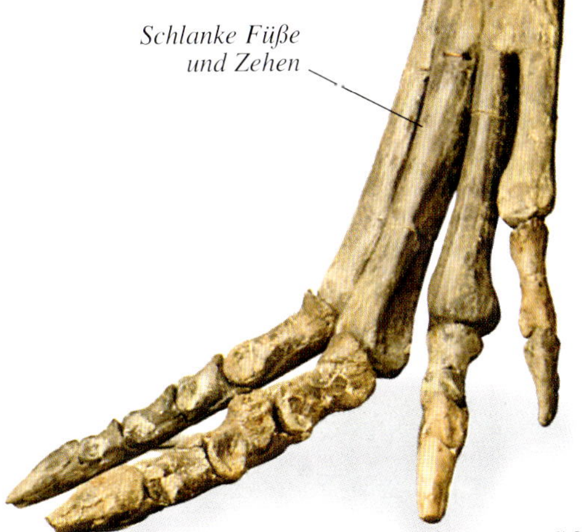

Die Beine von *Hypsilophodon*

SCHNELLER JÄGER
Der weniger als 1 m lange *Compsognathus* war einer der kleinsten Dinosaurier. Als Räuber nutzte er seine Schnelligkeit zur Jagd auf Eidechsen, Frösche und andere kleine Tiere.

LAUFBEINE
Ein Blick auf die Beine von *Hypsilophodon* zeigt die Besonderheiten der schnellen Dinosaurier. Die Knochen sind schlank, aber kräftig und besitzen besondere Vorsprünge, an denen die starken Beinmuskeln ansetzen konnten. Die Gelenke sind ausgeprägt, die Füße schmal. Früher hielt man *Hypsilophodon* wegen der Greifzehen und des Balancierschwanzes (S.62) für einen Baumbewohner.

Strauß

SCHNELLER VOGEL
Flugunfähige Laufvögel wie die Strauße besitzen ähnlich gebaute Beine wie die kleinen, schnellen Dinosaurier und können ebenfalls sehr schnell rennen.

Hypsilophodon im Spurt

Zwei- oder Vierbeiner?

Sauropoden-Muttertier in Verteidigungsstellung

„KOMM MIR NICHT ZU NAHE!"
Dieses Modell zeigt ein aufgerichtetes *Barosaurus*-Muttertier bei der Verteidigung seiner Jungen gegen den Angriff eines *Allosaurus*. Die Forschung ist nicht sicher, ob sich Sauropoden so verhalten haben – sofern sie es überhaupt konnten.

Die Antwort auf die Frage, warum manche Dinosaurier auf zwei, andere auf vier Beinen liefen, ist eigentlich einfach: Die Gangart entsprach ihrer Lebensweise. Die meisten räuberischen Dinosaurier liefen z.B. auf ihren Hinterbeinen und hatten ihre Hände frei zum Beutefang. Andere Dinosaurier gingen auf allen vieren, weil ihre Größe und ihr enormes Gewicht vier kräftige „Stützpfeiler" erforderten. Allerdings deuten Fossilienfunde daraufhin, dass sich sogar große und schwere Pflanzenfresser wie *Diplodocus* (S.14) für kurze Zeit auf ihren Hinterbeinen aufrichten konnten. Manche Dinosaurier konnten den jeweiligen Bedürfnissen entsprechend auf zwei oder auf vier Beinen laufen. Sie konnten gemächlich auf allen vieren herumstreifen und die Bodenvegetation abweiden, sich aber auch bei Gefahr auf die Hinterbeine stellen und schnell das Weite suchen. Solche Dinosaurier benötigten besondere „Hände", die sowohl das Körpergewicht tragen als auch zugreifen konnten.

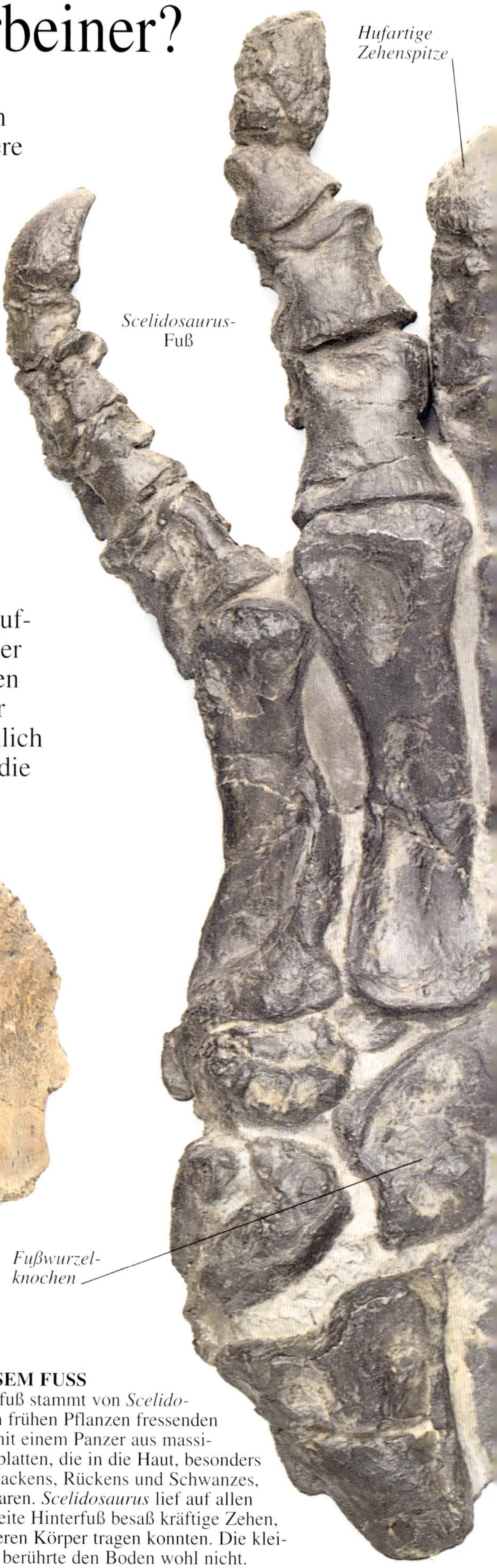

Hufartige Zehenspitze

Scelidosaurus-Fuß

Fußwurzelknochen

Hadrosaurierzeh

FINGERSPITZE
Dieser Hadrosaurier-„Finger"knochen zeigt die typische hufartige Abflachung.

Triceratops-Zeh

VIERFÜSSERZEH
Triceratops lief immer auf allen vieren, sodass dieser Zehenknochen von einem Vorder- oder von einem Hinterfuß stammen könnte. Er ist breiter und hufartiger als beim Entenschnabelsaurier, der seine Vorderfüße nicht ständig zum Laufen benutzte.

AUF GROSSEM FUSS
Dieser Hinterfuß stammt von *Scelidosaurus*, einem frühen Pflanzen fressenden Dinosaurier mit einem Panzer aus massiven Knochenplatten, die in die Haut, besonders entlang des Nackens, Rückens und Schwanzes, eingelagert waren. *Scelidosaurus* lief auf allen vieren, der breite Hinterfuß besaß kräftige Zehen, die den schweren Körper tragen konnten. Die kleine erste Zehe berührte den Boden wohl nicht.

HAND ODER FUSS?

Die schmalen, spitzen „Krallen“ lassen auf eine Greifhand schließen. Sie stammt von *Plateosaurus*, einem Pflanzenfresser, der sich auf allen vieren laufend von Bodenvegetation ernährte und auf zwei Beinen stehend Bäume abweidete. Die Gelenke zwischen den Knochen ermöglichten ein Abknicken der Hand nach hinten, sodass *Plateosaurus* auf allen vieren laufen konnte.

VERKÜMMERTE ARME

Der mächtige *Tyrannosaurus rex* besaß im Verhältnis zu seiner Größe winzige Hände mit nur zwei Klauen. Die Arme waren viel zu kurz zum Beutefang, sie könnten zum Abstützen gedient haben, wenn sich die Tyrannenechse aus dem Schlaf erhob.

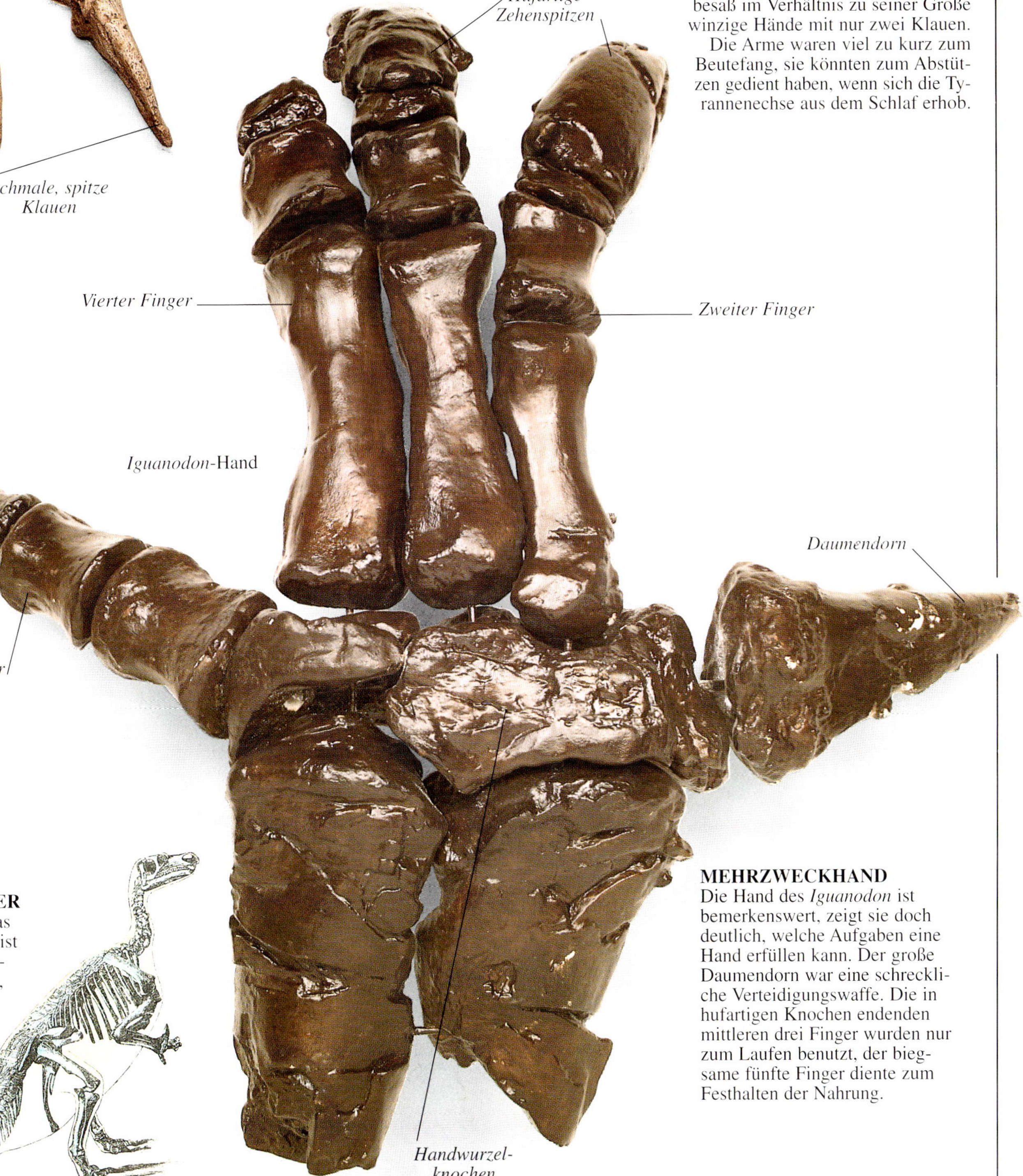

Iguanodon-Hand

DORNFINGER

Wenngleich das *Iguanodon* meist auf den Hinterbeinen laufend, mit drohend erhobenen Daumendornen dargestellt wurde (rechts), lief es wohl gewöhnlich auf allen vieren.

MEHRZWECKHAND

Die Hand des *Iguanodon* ist bemerkenswert, zeigt sie doch deutlich, welche Aufgaben eine Hand erfüllen kann. Der große Daumendorn war eine schreckliche Verteidigungswaffe. Die in hufartigen Knochen endenden mittleren drei Finger wurden nur zum Laufen benutzt, der biegsame fünfte Finger diente zum Festhalten der Nahrung.

Fossile Fußspuren

Nicht nur fossile Knochen zeugen von den Dinosauriern, sondern auch versteinerte Fußabdrücke dieser urzeitlichen Tiere. Man fand z.B. Spuren an Flussufern, wo Dinosaurier, auf der Suche nach Nahrung und Wasser, über weiche, schlammige Böden gelaufen waren. Die in der Sonne getrockneten und erhärteten Fußstapfen wurden später durch Regenfälle oder Überschwemmungen unter neuen Sand- und Schlammschichten begraben und mit der Zeit fossil. Solche fossilen Fährten geben Aufschluss darüber, wie sich die Dinosaurier fortbewegten und wie sie lebten. Viele verschieden große Spuren einer Art, mit kleinen Abdrücken in der Mitte, umgeben von größeren Fußstapfen, lassen darauf schließen, dass manche Dinosaurier in Herden umherstreiften und die Erwachsenen die Jungtiere in der Herdenmitte schützend umgaben.

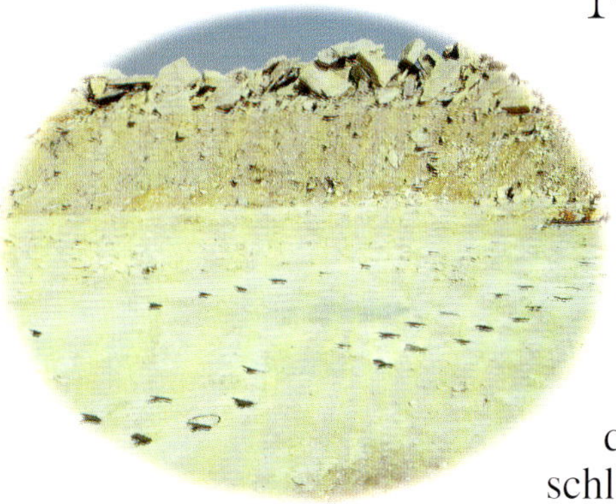

SPUREN RUND UM DIE ERDE
Dinosaurierspuren fand man rund um die Erde. Die abgebildete Spur aus Queensland, Australien, stammt von kleinen Raubsauriern, die in Rudeln lebten. Die Laufgeschwindigkeit lässt sich anhand der Abstände der einzelnen Fußabdrücke voneinander abschätzen.

SPUREN IM WALD
Dieser alte Stich zeigt ein *Iguanodon*, das beim Fressen im Wald Spuren hinterlässt. Doch Fußabdrücke im Waldboden sind nicht erhalten – zur Versteinerung war sandiger oder schlammiger Boden notwendig.

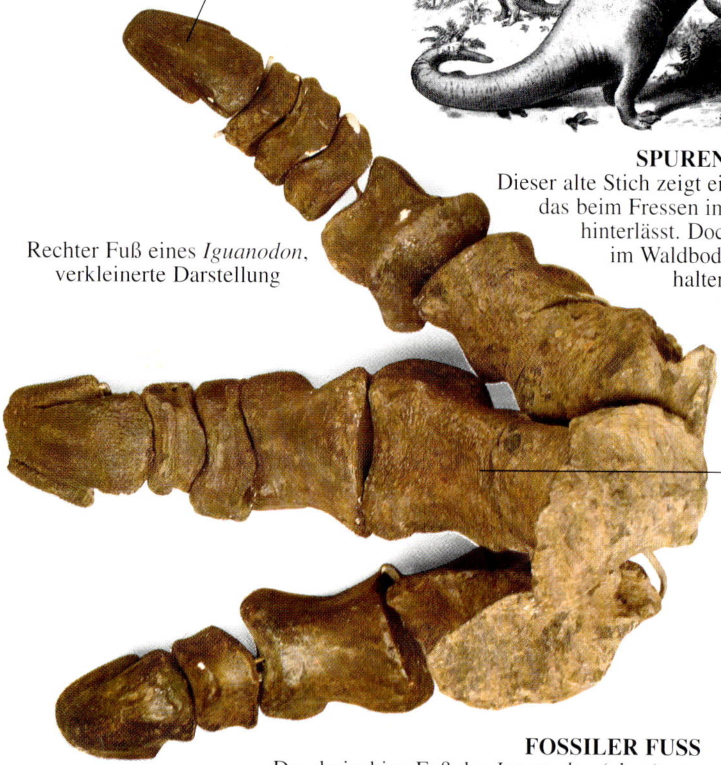

Rechter Fuß eines *Iguanodon*, verkleinerte Darstellung

FOSSILER FUSS
Der dreizehige Fuß des *Iguanodon* (oben) war sehr kräftig, damit er das Gewicht des Riesen tragen konnte. *Iguanodon* war ein Zehengänger wie Hunde und Katzen. Der Fuß hinterlässt kleeblattartige Abdrücke, von denen einige in Südengland gefunden wurden. Je schwerer der Dinosaurier, desto deutlicher sind die Spuren (rechts).

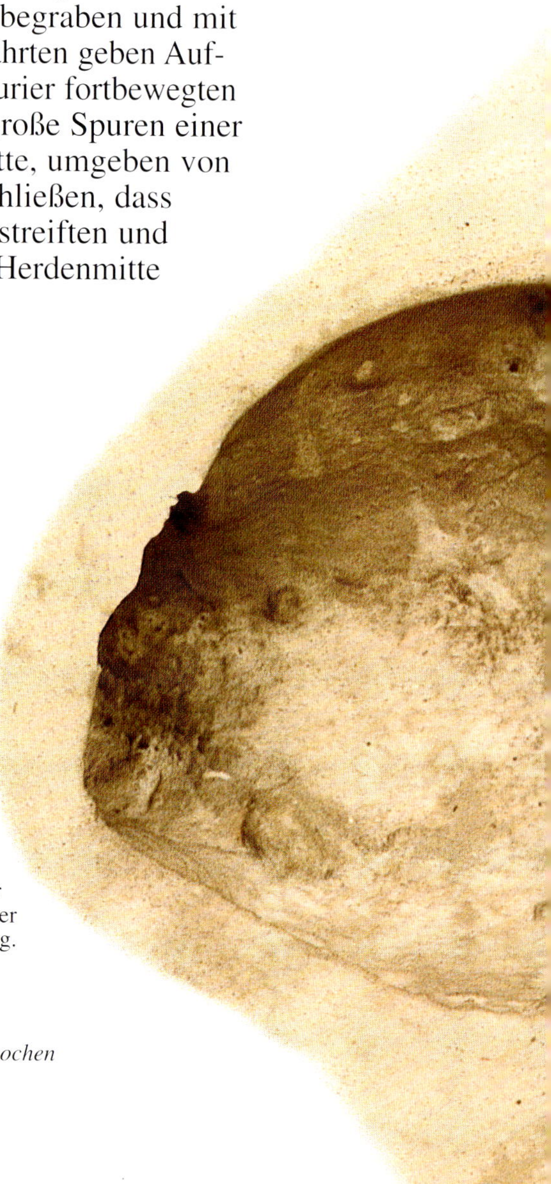

EINE DEUTLICHE SPUR
Dieser fast lebensgroß dargestellte Abdruck eines linken *Iguanodon*-Hinterfußes mag groß erscheinen, doch verglichen mit anderen Funden ist er verhältnismäßig klein. Ein großes ausgewachsenes *Iguanodon* hinterließ bis zu 90 cm lange Fußstapfen. Es wog wohl bis zu 2 t. Dieser Abdruck stammt von einem Jungtier, das etwa eine halbe Tonne wog.

Fußabdruck eines *Iguanodon*

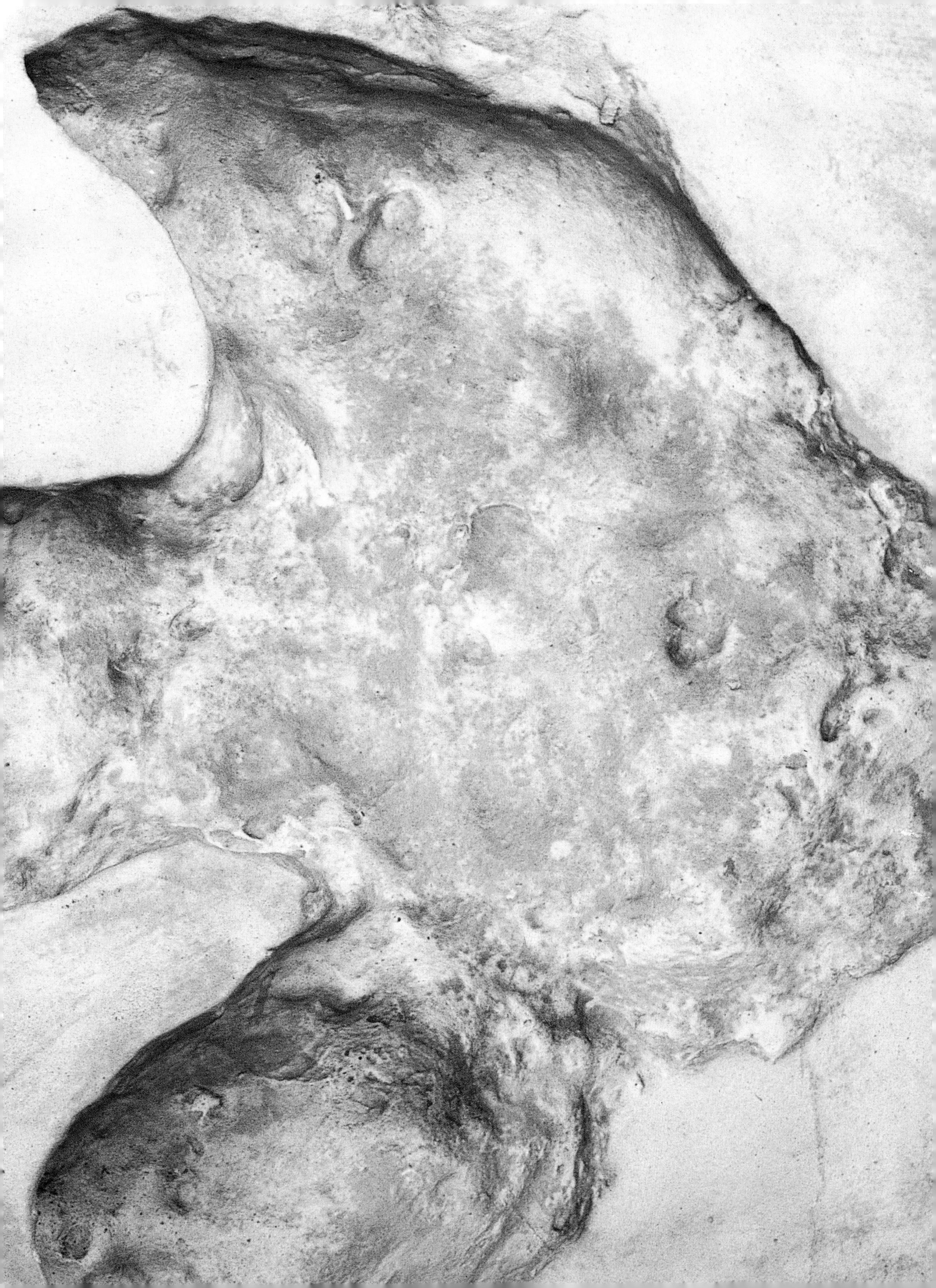

Krallen

DAUMENKRALLE
Diese relativ kleine Kralle gehört zum Daumen eines *Massospondylus*. Die leichte Schwellung an der Basis war Ansatzpunkt der kräftigen Muskulatur.

Dinosaurier, die andere Tiere jagten und töteten, besaßen meist sehr schmale, spitze, gebogene Krallen. Wie ein Adler seine Fänge schlugen sie die Krallen in die Beute, um diese festzuhalten. Mit den Krallen wurde die Beute verletzt, unter Umständen auch getötet. Der Raubdinosaurier mit den vielleicht gefährlichsten Krallen war *Deinonychus* („Schreckensklaue"). Die zweite Zehe besaß eine riesige, sichelförmige Kralle, die Finger waren ebenfalls bekrallt. *Deinonychus* sprang seine Beute wohl an und schlug ihr die Fußkrallen in den Körper. Dabei stützte er sich mit dem Schwanz ab. Pflanzenfresser oder Allesfresser besaßen keine so scharfen, dolchartigen Klauen. Ihre Krallen, die ja nicht zum Töten eingesetzt wurden, waren meist kräftiger und breiter. Sie wurden zum Laufen und zum Abreißen, Schälen oder Ausgraben von Nahrung benutzt und sind daher oftmals abgenutzter als Raubsaurierkrallen. Manchmal dienten diese Krallen allerdings auch als Waffe – im Kampf gegen angreifende Räuber.

SPRUNGKAMPF
Diese kämpfenden Raubdinosaurier zeigen, wie sie ihre Krallen einsetzen – als gefährliche Angriffswaffen.

GRAUSIGE KRALLEN
Dieser gefiederte Dinosaurier besaß mit rasiermesserscharfen Zähnen gespickte Kiefer. Aber die beste Waffe von *Velociraptor* („schneller Plünderer") waren die enormen hakenartigen Krallen an Vorder- und Hinterbeinen. Während der gefährliche Räuber seine Beute mit den Vorderbeinen festhielt, konnte er ein Hinterbein anheben und sein Opfer mit einem tödlichen Tritt zur Strecke bringen.

KEINE ANGRIFFSWAFFE
Dies ist eine Kralle von *Ornithomimus*. Obwohl dieser Dinosaurier ein Fleischfresser war, besaß er relativ abgeflachte Krallen, die als Waffe kaum geeignet waren.

HARPUNE
Diese Fingerkralle fand man vor nicht allzu langer Zeit in Großbritannien zusammen mit weiteren Resten eines Raubdinosauriers (S.54–55). Die beachtliche Größe und die Form der Kralle verschafften dem neu entdeckten Dinosaurier den Spitznamen „Kralle“. Vielleicht diente die stark gebogene Kralle als „Harpune“ zum Fischfang.

Die Rinne stellt den Ansatz des Hornüberzugs dar.

Baryonyx-Kralle

ELEFANTENFÜSSE
Die abgebildete große Kralle stammt von *Apatosaurus*, einem *Diplodocus*-Verwandten (S.14–21). Dieser Pflanzenfresser lief auf allen vier Säulenbeinen mit runden Elefantenfüßen, die hufähnliche Krallen trugen; lediglich die hier abgebildete Innenzehenkralle des Vorderfußes machte eine Ausnahme. Sie diente wohl als Grabkralle oder zur Verteidigung.

Raue Oberfläche zur Verankerung des Hornmantels

SUPER-SENSEN
Therizinosaurus (sog. „Sensen-Echse“, links) besaß sehr lange Krallen, die gefährlich aussehen, aber als Waffen ungeeignet waren. Sie wurden vielleicht als „Pflanzenharke“, als „Öffner“ für Termitenhügel oder zur Abschreckung genutzt.

Eier und Nester

Ein *Maiasaura*-Baby (S.46) schlüpft aus seinem Ei.

Dinosaurier legten, wie heutige Reptilien und Vögel, hartschalige Eier. Das weiß man auf Grund fossiler Eier, die zum Teil noch kleine Skelette enthalten. Manchmal fand man die Eier in Nestern und Reste der Elterntiere in der Nähe. Vollständige Nester mit fossilen Jungtieren lassen darauf schließen, dass die kleinen Dinosaurier wie Vögel im Nest blieben. Mehrere Nester, die man nahe beieinander fand, legen ein Brüten in Kolonien nahe. Es mag überraschen, dass auch die gigantischen Sauropoden keine Rieseneier legten, doch bei sehr großen Eiern wären die Schalen viel zu dick gewesen, als dass ein Junges hätte daraus schlüpfen können. Außerdem wäre die Sauerstoffversorgung des Jungen durch eine so dicke Schale nicht ausreichend gewesen.

Wachtelei

Ei eines unbekannten Dinosauriers

SAURIER UND VÖGEL
Die kleine Echse, die aus dem Dinosaurier-Ei (rechts) geschlüpft wäre, hätte tüchtig wachsen müssen, um ein ausgewachsener Dinosaurier zu werden – deutlich mehr als ein Vogel aus einem heutigen Vogelei wie dem der Wachtel (oben).

Oviraptor-Ei

Die Risse entstanden bei der Versteinerung.

Skulpturierte Schale

HARTE SCHALE
Dieses längliche Ei belegte erstmals, dass Dinosaurier wie die heutigen Reptilien Eier auf dem Land ablegten.

BODENBRÜTER
Das Modell zeigt ein brütendes *Oviraptor*-Weibchen. Es nutzte vermutlich wie am Boden brütende Vögel von heute ihren Körper, um das Gelege zu wärmen. Das Nest wurde in einen Hügel gekratzt, was ein Wegrollen der Eier verhinderte und Schutz bot.

EIN EIERDIEB?

In den 1920er Jahren wurden versteinerte Nester, wie das hier abgebildete, in der Wüste Gobi (Mongolei und China) gefunden. Lange Zeit wurde angenommen, dass sie von dem Pflanzenfresser *Protoceratops* stammten. Als Reste von *Oviraptor* in der Nähe entdeckt wurden, vermuteten die Forscher, dass dieser als „Eierdieb" das Gelege rauben wollte. Nachdem immer mehr Fossilien gefunden wurden, erkannte man, dass es sich tatsächlich um Eier von *Oviraptor* handelte und nicht von *Protoceratops*.

Das Nest mit den Eiern wurde im Laufe der Versteinerung zu Sandstein.

Vom Ei zum Riesen

KINDERSTUBE
Die alte Zeichnung entstand nach dem Fund der vermeintlichen *Protoceratops*-Eier in der Wüste Gobi und zeigt einzelne Entwicklungsschritte von *Protoceratops*-Jungtieren: Einige schlüpfen gerade, andere machen ihre ersten Schritte, wieder andere kämpfen sich aus dem Sand.

Es fällt schwer, sich die Riesen der Urzeit als Babies oder Halbstarke vorzustellen. Doch neuere Funde vermitteln uns zumindest ein grobes Bild von der Kindheit der Dinosaurier. Wir wissen, dass Dinosaurierweibchen ihre Eier in Bodenmulden (S.44–45) ablegten. In einigen Fällen fand man in den Eiern schlupfreife Saurierjunge. Man fand auch Entenschnabelsauriernester mit Jungen, deren Zähne Abnutzungserscheinungen zeigen, was andeutet, dass sie von der Mutter mit Nahrung versorgt wurden. Die jungen Dinosaurier wuchsen schnell. Die herdenlebenden Sauropoden (S.12) nahmen die Jungtiere wahrscheinlich in die Mitte, sodass sie von den umgebenden Erwachsenen vor Räubern geschützt waren. Bei manchen Dinosauriern wie den Hornsauriern lassen sich Veränderungen der Körperproportionen im Lauf der Entwicklung verfolgen.

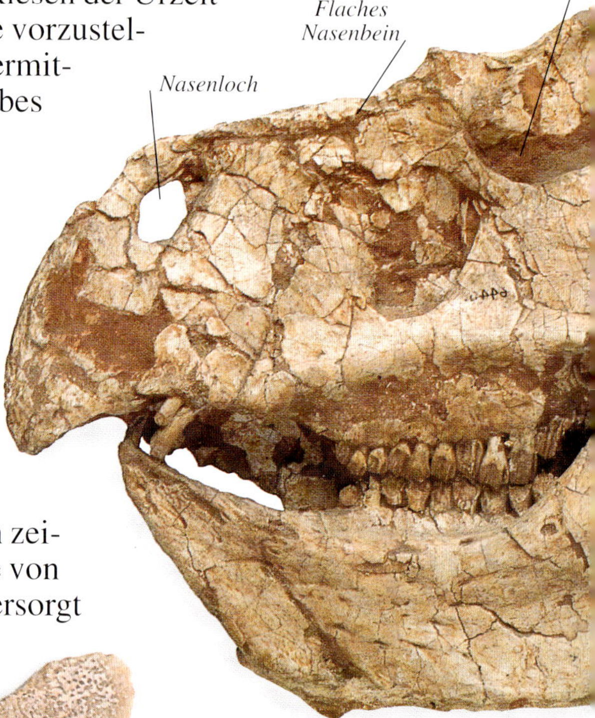

Schalenbruchstücke von Sauropodeneiern

RIESENSCHALE
Die Bruchstücke stammen von großen, runden Eiern eines riesenhaften Sauropoden wie *Diplodocus*.

SCHLÜPFENDER SAURIER
Diese fossile Eischale (links) mit einem Jungen des Entenschnabelsauriers *Maiasaura* (= „Gute-Mutter-Echse") wurde in den 1980er Jahren in Montana, USA, zusammen mit hunderten anderer Eier und Jungsaurier entdeckt. Das Junge fände in der Hand eines Menschen Platz.

Bruchstücke von *Protoceratops*-Eischalen

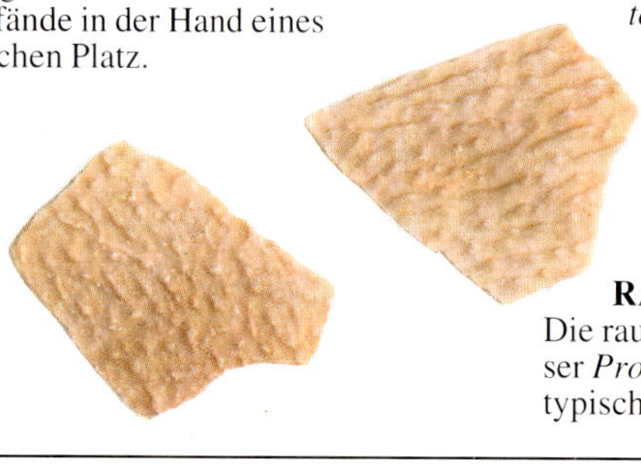

RAUE SCHALE
Die raue, körnige Schale dieser *Protoceratops*-Eier ist typisch für viele Saurier-Eier.

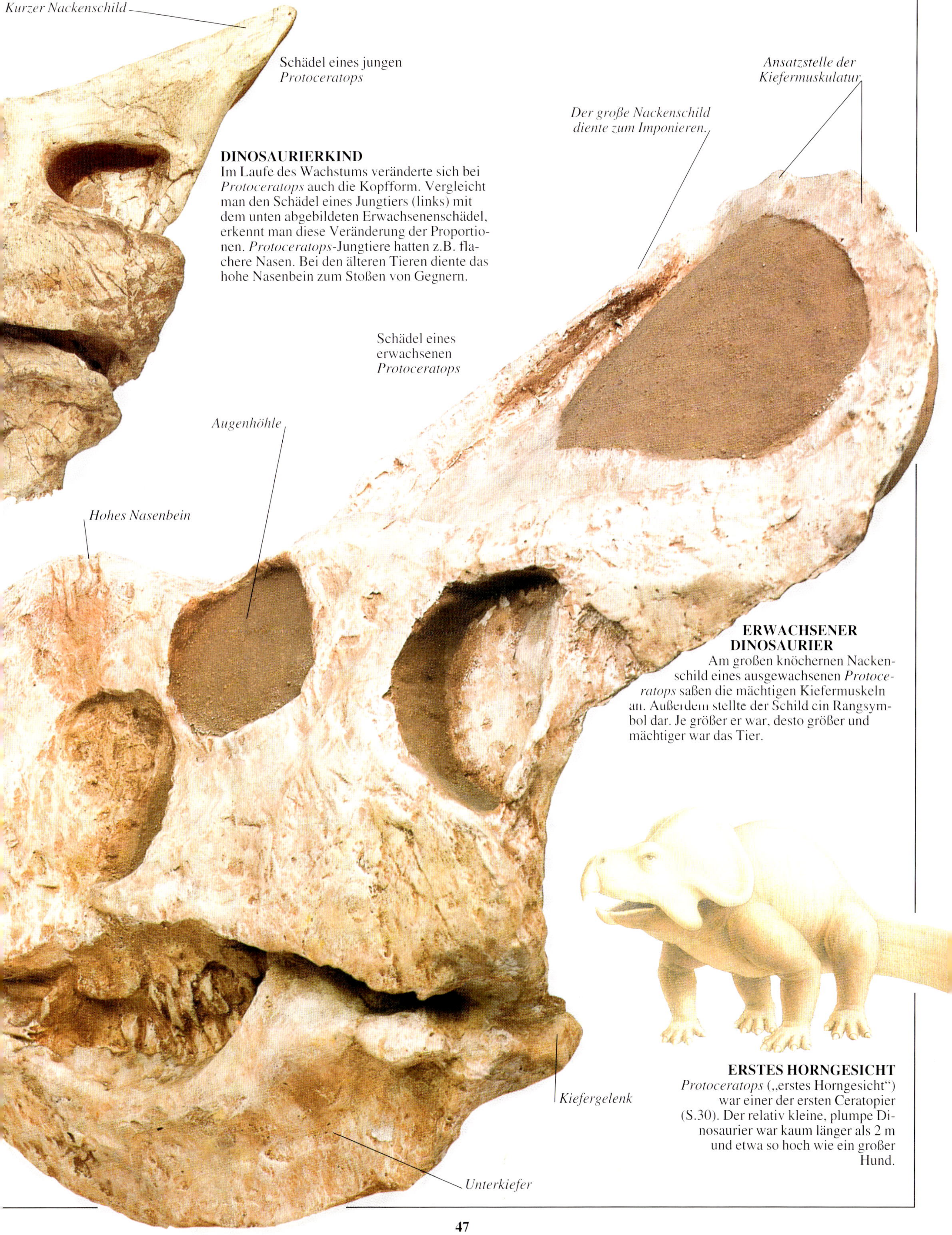

Schädel eines jungen *Protoceratops*

DINOSAURIERKIND

Im Laufe des Wachstums veränderte sich bei *Protoceratops* auch die Kopfform. Vergleicht man den Schädel eines Jungtiers (links) mit dem unten abgebildeten Erwachsenenschädel, erkennt man diese Veränderung der Proportionen. *Protoceratops*-Jungtiere hatten z.B. flachere Nasen. Bei den älteren Tieren diente das hohe Nasenbein zum Stoßen von Gegnern.

Schädel eines erwachsenen *Protoceratops*

ERWACHSENER DINOSAURIER

Am großen knöchernen Nackenschild eines ausgewachsenen *Protoceratops* saßen die mächtigen Kiefermuskeln an. Außerdem stellte der Schild ein Rangsymbol dar. Je größer er war, desto größer und mächtiger war das Tier.

ERSTES HORNGESICHT

Protoceratops („erstes Horngesicht“) war einer der ersten Ceratopier (S.30). Der relativ kleine, plumpe Dinosaurier war kaum länger als 2 m und etwa so hoch wie ein großer Hund.

Der Untergang der Dinosaurier

Vor etwa 70 Mio. Jahren beherrschten die Dinosaurier die Erde. Doch nur etwa 5 Mio. Jahre später, am Ende der Kreidezeit, waren sie von der Bildfläche verschwunden. Es gibt die verschiedensten Theorien für ihren plötzlichen Untergang, doch die meisten dieser Theorien übersehen eines: Die Dinosaurier waren nur eine von vielen Tiergruppen, die zur gleichen Zeit ausstarben; dazu gehörten auch die Meeressaurier, die Flugsaurier und auch nichtreptilische Tiergruppen wie die Ammoniten. Die Ursache für das Ende der Dinosaurier muss auch für diese Tiere zutreffen. Die Theorie, dass die sich ausbreitenden Säuger alle Sauriereier fraßen, ist ebenso unwahrscheinlich wie viele andere Theorien auch. Der Grund für das Massensterben bleibt ein Geheimnis. Oder sollten die Dinosaurier das Leben auf der Erde einfach satt gehabt haben und vor Langeweile gestorben sein?

GIFTIGER HAPPEN
Eine Theorie besagt, dass die Dinosaurier an den um diese Zeit aufkommenden Giftpflanzen wie der tödlichen Tollkirsche zu Grunde gingen.

Steinernes Meteoritenstück

FELSEN AUS DEM ALL
Eine mögliche Ursache für das plötzliche Aussterben ist der Aufprall eines riesigen Meteoriten. Eine gewaltige Staubwolke hätte lange Zeit die Erde verdunkelt, das Klima und die Vegetation verändert.

Fossiler Ammonit

Eisenmeteoritenstück

MASSENSTERBEN
Mit den Dinosauriern starben viele andere Tiere aus. Was immer geschah, es schadete einigen Tieren, anderen nicht. Ammoniten, urzeitliche Tintenfischverwandte, starben ebenso wie Mosasaurier, Plesiosaurier und Ichthyosaurier, räuberische Meeresreptilien, aus. Die Meereskrokodile starben aus, doch die Flusskrokodile nicht. Die fliegenden Reptilien, die Pterosaurier, verschwanden, die Vögel aber überlebten.

Ischium (Sitzbein) eines *Iguanodon*

Nach dem Zusammenheilen nach vorn zeigender Ischiumschaft

Teil einer
Hadrosaurierwirbelsäule

DER ANFANG VOM ENDE
Die Abbildung zeigt, wie ein *Tyrannosaurus* erschreckt flüchtet, als ein Meteorit die Erde trifft. Der Aufschlag hätte den gleichen Effekt wie ein Atomkrieg gehabt. Dichte, schwarze Staub- und Aschewolken hätten monatelang die Sonne verdunkelt.

EIN GESCHWÜR
Dinosaurier konnten an Krebs erkranken. Die Schwellung an diesem Wirbelsäulenabschnitt eines Hadrosauriers stellt ein Krebsgeschwür im Knochen dar.

KNOCHENBRUCH
Auch in ihrer Blütezeit waren die Dinosaurier nicht vor Krankheiten und Unfällen sicher. Der *Iguanodon*-Beckenknochen (oben) zeigt einen verheilten Bruch.

Dinosaurier oder Vogel?

Stammen Vögel von Dinosauriern ab? Ausgangspunkt dieser Frage war die Entdeckung des fossilen Urvogels *Archaeopteryx*, der vor 150 Mio. Jahren neben den Dinosauriern vorkam. Er besaß Federn wie alle Vögel, aber auch Reptilienmerkmale, z.B. Zähne. Könnte er das fehlende Glied zwischen Dinosauriern und Vögeln gewesen sein? Es konnte nachgewiesen werden, dass *Archaeopteryx* mehr als 20 gemeinsame Merkmale mit fleischfressenden Dinosauriern wie *Coelophysis* (rechts) besaß. Gegen diese Annahme sprach allerdings, dass lange Zeit keine Dinosaurierfossilien mit einem Gabelbein gefunden wurden, alle Vögel ein solch gut entwickeltes Gabelbein jedoch als Flügelgelenkstütze besitzen. Heute wissen wir, dass es zahlreiche Dinosaurier – Fleischfresser zumeist – mit einem Gabelbein gegeben hat. Noch bahnbrechender waren die Funde, die chinesische Forscher machten: Sie stießen bei Ausgrabungen auf Spuren von Federn, die vogelähnlichen Sauriern wie *Caudipteryx* und *Sinornithosaurus* gehörten. Manche Forscher vermuten überdies, dass nordamerikanische Theropoden, darunter *Bambiraptor* und *Troodon*, gefiedert waren, andere stehen der Verbindung von Sauriern und Vögeln jedoch nach wie vor skeptisch gegenüber.

FEDERVIEH
Archaeopteryx, hier bei der Gefiederpflege auf einem Ginkgozweig, hatte einige vogeluntypische Merkmale. Er besaß einen langen, knöchernen Schwanz, Krallen an den Flügeln und Zähne. Obwohl er flugtaugliche Flügel hatte, ist es unwahrscheinlich, dass er so gut fliegen konnte wie die meisten modernen Vögel.

BAYERISCHER VOGEL
Dieses *Archaeopteryx*-Exemplar ist der besterhaltene Fund, der bis heute gemacht wurde. Der feinkörnige Sandstein, in dem das Fossil eingelagert ist, lieferte einen guten Abdruck der Schwanz- und Flügelfedern. Der gebogene Hals, der Kopf und die Krallen an den Flügeln sind gut zu sehen.

EIN FOSSIL ERZÄHLT

Dieses vollständige Fossil eines *Coelophysis*, eines kleinen Raubsauriers, wurde zusammen mit mehreren anderen in Ghost Ranch in Neumexiko, USA, gefunden. *Coelophysis* lebte am Anfang der Dinosaurierzeit. Er war leicht und wendig und besaß an jeder Hand drei kräftige, bekrallte Finger – wie *Archaeopteryx*. Im Bauch dieses Tiers finden sich Knochen junger *Coelophysis*-Exemplare; dies ist ein Hinweis auf Lebendgebären oder Kannibalismus.

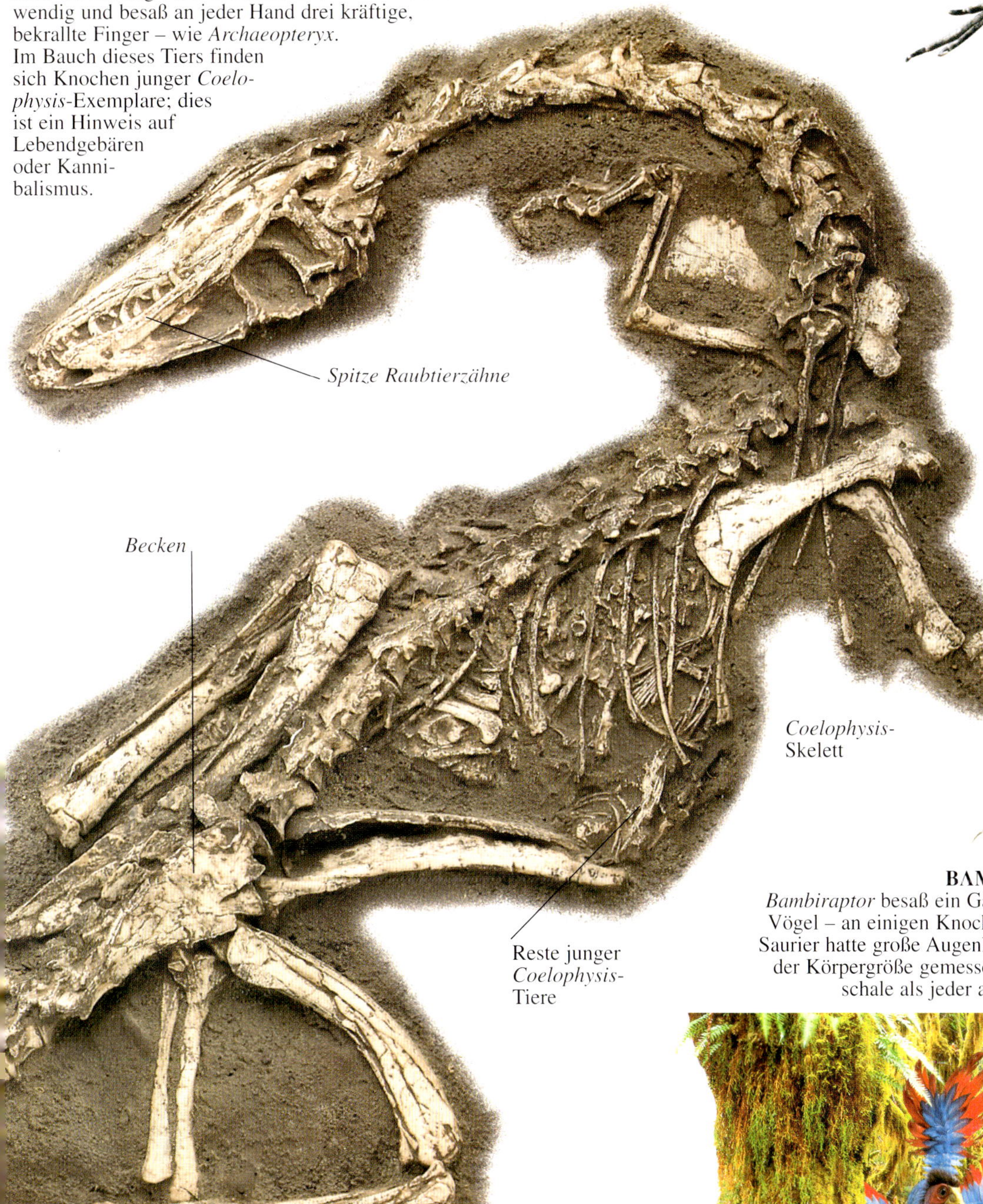

Coelophysis-Skelett

Bambiraptor

BAMBIRAPTOR IN AKTION

1994 wurde in Montana/USA ein vogelähnlicher Saurier entdeckt. *Bambiraptor* konnte nicht fliegen, muss aber ein schneller Läufer gewesen sein, der Frösche und kleine Säugetiere fing. Vermutlich war er mit flaumigen, wärmenden Federn bedeckt.

Bambiraptor-Skelett

BAMBIS KNOCHEN

Bambiraptor besaß ein Gabelbein und – wie Vögel – an einigen Knochen Luftsäcke. Der Saurier hatte große Augenhöhlen und eine an der Körpergröße gemessen größere Gehirnschale als jeder andere Dinosaurier.

Caudipteryx

AUFREGUNG IN CHINA

Caudipteryx wurde in China entdeckt. Die Zähne und Knochen des Tieres von der Größe eines Truthahns ließen wie auch das vorstehende Schambein darauf schließen, dass es sich um einen Dinosaurier handeln musste. Es hatte jedoch einen Schnabel, Federn und einen kurzen Schwanz. Man weiß nicht, welche Farbe die Federn hatten. Vielleicht waren sie buntgefärbt, um ihn für die Balz zu schmücken, und geeignet, ihn warm zu halten.

Auf Dinosaurierjagd

FOSSILFUND
Funde fossiler Dinosaurier sind selten und gehören in die Hände von Fachleuten.

Wie müssen die Wissenschaftler auf der Suche nach Dinosauriern vorgehen? Wie alle Fossilien kann man Dinosaurier nur in Sedimentgestein finden. Diese Gesteine wurden im Laufe der Zeit in Schichten abgelagert, so entstand aus Sandablagerungen Sandstein oder aus Schlamm Ton. Fossilien werden oft durch Zufall entdeckt, wenn der Boden beim Bau eines Hauses oder einer Straße aufgerissen wird. Fossiliensammler gehen aber auch gezielt in Gebieten auf die Suche, die als fossilienreich gelten. Manchmal werden groß angelegte wissenschaftliche Ausgrabungen unternommen, wenn Gesteinsuntersuchungen oder erste Funde „Jagdglück" versprechen. Wie auch immer es zur Entdeckung kommt, der Fund erfordert sorgfältige Präparation. Die genaue Lage muss festgehalten werden, vorsichtig muss das Fossil mit Hilfe geeigneter Werkzeuge aus dem Stein gelöst und ins Labor transportiert werden, ohne dass es Schaden nimmt.

HOLLÄNDISCHE ENTDECKUNG
Die Kiefer der gewaltigen Meeresechse *Mosasaurus* wurden 1770 tief unten in einer Kalkgrube bei Maastricht in Holland gefunden. Dieser Stich zeigt das bei Fackellicht arbeitende Entdeckerteam.

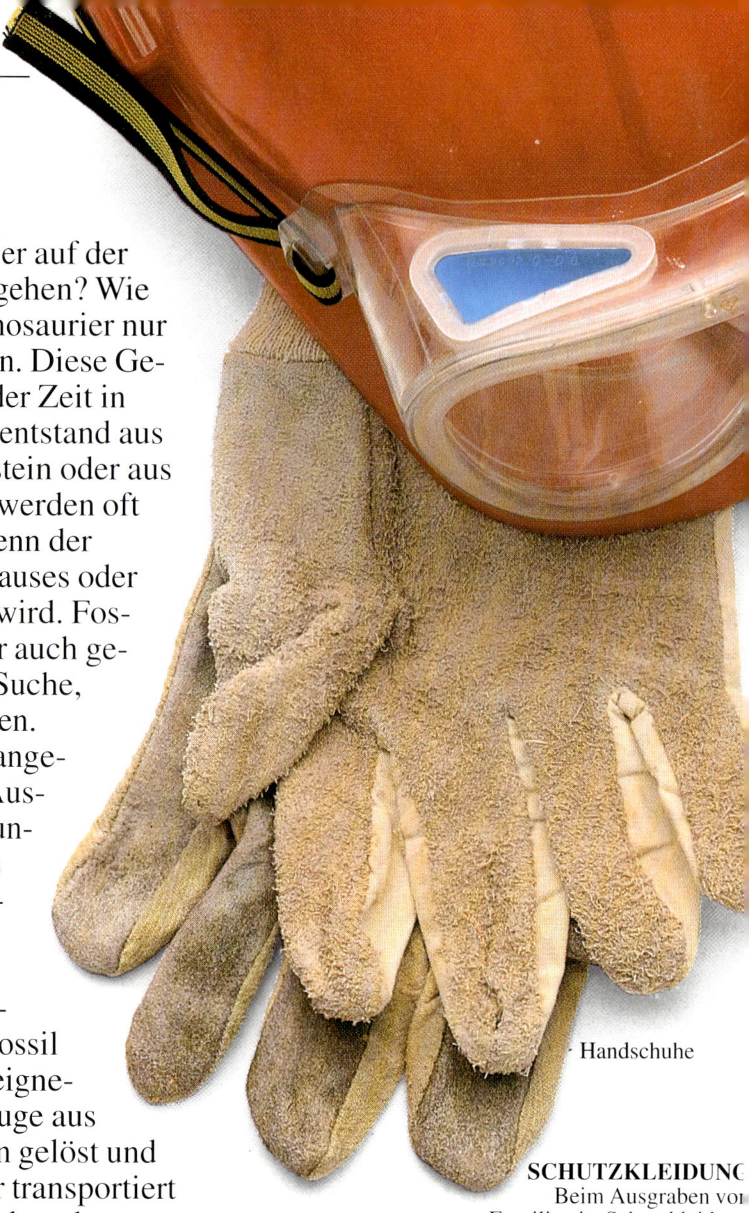

Handschuhe

SCHUTZKLEIDUNG
Beim Ausgraben von Fossilien ist Schutzkleidung unabdingbar. Schutzhandschuhe sind beim Hämmern und Meißeln ebenso wichtig wie Schutzbrillen, die Augenverletzungen durch Gesteinssplitter verhindern. Auch das Tragen eines Schutzhelms ist ratsam.

HÄMMER
Paläontologen (Fossilienkundler) benutzen verschiedenartige Hämmer. Diese geologischen Werkzeuge eignen sich gut zum Spalten fossilienträchtigen Gesteins.

Gerader Hammer zum Spalten harten Gesteins

Hammer mit gebogener Spitze zum Aufbrechen und Entfernen von weichem Gestein, z.B. Ton

Steinsäge

NOTIZEN
Paläontologen protokollieren stets die genauen Einzelheiten eines Funds und zeichnen eine genaue Lagekarte. Felsbruchstücke werden in Beuteln gesammelt und später im Labor untersucht.

Stoffbeutel

Schutzhelm und Schutzbrille

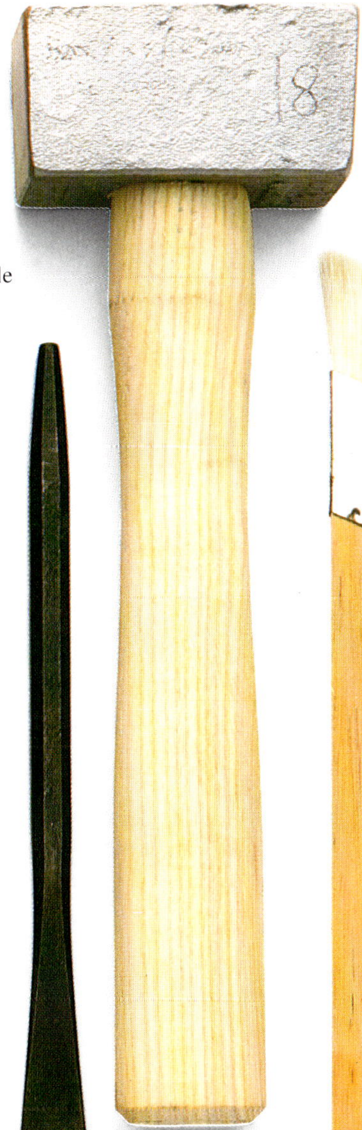
Stumpfhammer

UMMANTELTE RIPPEN

Teilweise freigelegte Fossilien werden zum Transport oftmals mit Gips ummantelt, damit sie nicht beschädigt werden. Hier sieht man zwei Rippen des erst vor kurzem entdeckten Dinosauriers *Baryonyx* im Gipsmantel (S.54–55).

Baryonyx-Rippen im Gipsmantel

Kleister

KLEISTER UND PINSEL

Mit Pinseln wird feiner Staub von den Fossilien entfernt. Ein freigelegtes Fossil wird oft mit Kleister oder Ähnlichem bestrichen, um lockere Teile zu festigen.

Weicher Pinsel

Harter Pinsel

Spitze Meißel

Flache Meißel

Plastiktüten

FREILEGEN

Bei hartem Gestein benötigt man zum Freilegen der Fossilien einen schweren Hammer und stabile Meißel. Mit solch einem stumpfen Hammer treibt man Meißel ins Gestein. Für genaues Arbeiten sind viele verschiedene Meißel notwendig.

SCHUTZMANTEL

Ein Paläontologe bedeckt ein Fossil vorsichtig mit einem Gipsmantel.

Alufolienumwickelung

Polyurethanschaummantel

SCHAUMMANTEL

Häufig werden Fossilien mit Polyurethanschaum ummantelt. Zuerst wird das Fossil in Aluminiumfolie gewickelt, dann wird die Schaum bildende Chemikalie darüber gegossen. Der Schaummantel schützt das Fossil beim Transport. Doch Vorsicht: Beim Anrühren entstehen giftige Gase!

Klemmbrett mit Lageskizze und Notizbuch

GIPSUMMANTELUNG

Gips wird mit Wasser angerührt, dann wird Mullgewebe damit getränkt. Vor dem Eingipsen wird eine Lage feuchtes Tissuepapier auf das Fossil gelegt, damit sich der Gipsverband wieder lösen lässt.

Grobes Mullgewebe und Gips

Dinosaurierrekonstruktion

AUSGESTELLT
Museen stellen häufig Kopien von Fossilien aus, Gipsabdrücke der echten zerbrechlichen Fossilien. Diese *Barosaurus*-Nachbildung steht im American Museum of Natural History, New York, es ist allerdings nicht sicher, ob sich *Barosaurus* in dieser Weise aufrichten konnte.

Nach der harten Ausgrabungsarbeit werden die wertvollen Fossilien ins Labor gebracht. Dort werden sie genauer untersucht, präpariert und zur Ausstellung vorbereitet. Diese Arbeit ist sehr zeitaufwendig. Zuerst muss das Fossil wieder vorsichtig aus dem Schutzmantel (S.53) gelöst werden. Anschließend müssen noch anhaftende Gesteinsreste entfernt werden. Mit Meißeln wird härteres Gestein abgespalten, die Feinarbeit wird mit Präzisionswerkzeug, ähnlich dem eines Zahnarztes, vorgenommen. Manchmal werden die Gesteinsreste auch mit Chemikalien abgelöst. Die gereinigten Knochen werden dann eingehend untersucht, um ein Gesamtbild des Skeletts und somit Hinweise auf die Lebensweise des Tiers zu erhalten. Sehr aufschlussreich sind die Muskelansatzstellen an manchen Knochen. Sie geben Anhaltspunkte zur Rekonstruktion der Muskulatur eines Dinosauriers.

AUSSAGEN EINES KNOCHENS
Dieser *Iguanodon*-Fußknochen gibt viele Anhaltspunkte für den Ansatz der Muskulatur beim lebenden Tier. Am linken oberen Ende deuten raue Stellen auf den Knorpelansatz des Knöchelgelenks hin, entlang des Knochens findet man Narben von Sehnen. Die raue Zone unten stellt den Knorpelansatz des Mittelzehgelenks dar.

Modellbau

Viele Museen stellen Rekonstruktionen von Dinosauriern aus, wie z.B. das Modell weiter unten. Begonnen wird mit einer maßstabgerechten Zeichnung, die genau zeigt, wie Knochen und Muskeln zusammenpassten. Davon ausgehend wird ein Grundgerüst aus Draht und Holz gebaut, das von einem Bildhauer mit Ton weiter ausmodelliert wird. Er fügt z.B. die Knochen und die Haut hinzu. Von dem Tonmodell wird eine Gummiform hergestellt, sodass ein Modell aus Harz gegossen werden kann. Zum Schluss wird der Abguss noch bemalt.

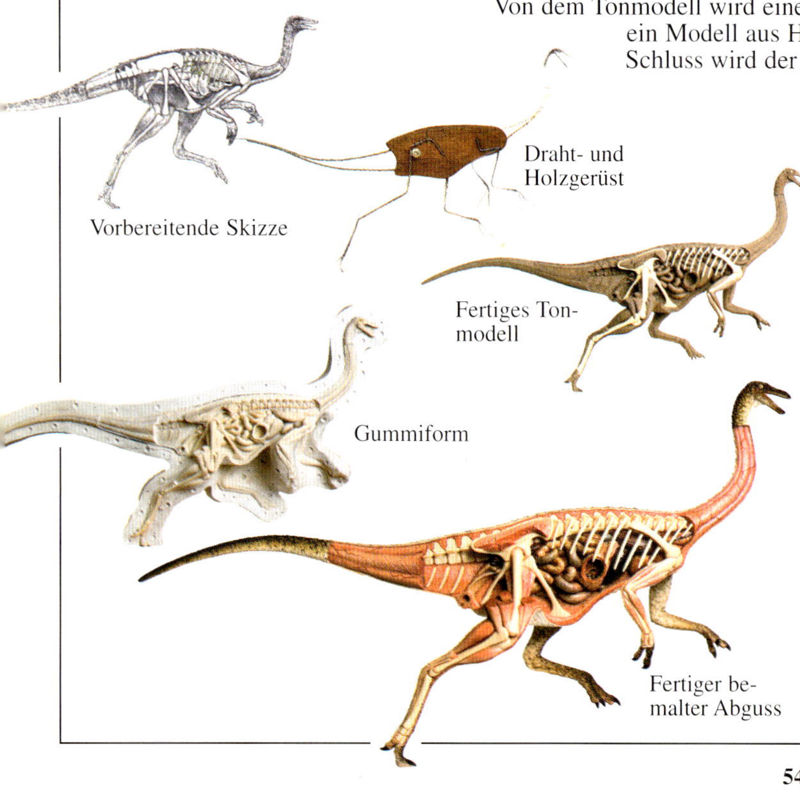

Vorbereitende Skizze

Draht- und Holzgerüst

Fertiges Tonmodell

Gummiform

Fertiger bemalter Abguss

DIGITALE DINOSAURIER
Heute können prähistorische Kreaturen wie Dinosaurier am Computer in 3-D rekonstruiert werden, wie dieser *Pareiasaurus* (rechts). Digitale Modelle können von allen Seiten und sogar in Bewegung betrachtet werden.

Halswirbel von *Baryonyx*

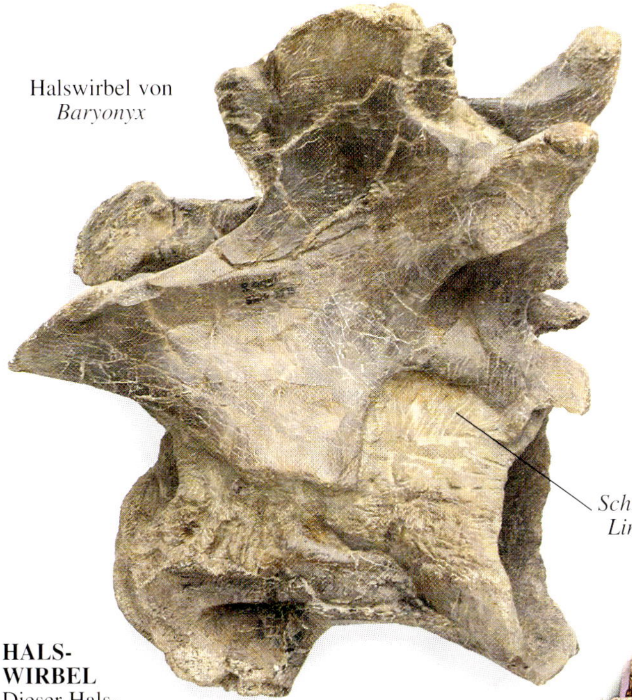

Schmale Linien

HALS-WIRBEL
Dieser Halswirbel gehört dem neu entdeckten Dinosaurier *Baryonyx* (unten als Rekonstruktion zu sehen). Der Wirbel ist kompliziert gebaut und war in hartem Gestein eingebettet, sodass die Präparation lange dauerte. Die schmalen Linien stellen noch anhaftende Gesteinsreste dar.

EIN HAUFEN ALTER KNOCHEN
Nach der Entdeckung der ersten Dinosaurier im 19. Jh. (S.8–9) fertigte der Bildhauer Benjamin Waterhouse Hawkins Dinosauriermodelle in Großbritannien und später auch in den USA. Das Bild zeigt sein Atelier in New York.

SÄUREBAD
Im Säurebad werden oft Gesteinsreste von den Fossilien gelöst, ohne diese zu beschädigen – eine langwierige Methode, die nur bei bestimmten Gesteinsarten möglich ist. Die dabei verwandten aggressiven Chemikalien erfordern gute Schutzkleidung.

IM TODESKAMPF
Hier ist *Baryonyx* so dargestellt, wie er nach seinem Tode aussah. Er sank auf den Grund eines Sees und versteinerte dort allmählich. Dieses realistische Modell zeigt ein hervorragendes Ergebnis der Zusammenarbeit zwischen Wissenschaftlern und Modellbauern. Die Lage des Dinosauriers lässt sich an der Lage der Knochen ablesen.

Modell des *Baryonyx* nach seinem Tod

Wann lebten die Urtiere?

TRILOBIT
Trilobiten lebten am Meeresboden, auf dem sie mit spitzen Stachelbeinen umherliefen. Sie bevölkerten einst die Urmeere, starben jedoch aus, lange bevor die Dinosaurier auftraten.

Man kann sich kaum vorstellen, dass es schon seit über 700 Mio. Jahren Tiere und Pflanzen auf unserer Erde gibt. In dieser Zeit entstanden und verschwanden eine Vielzahl sehr verschiedener Lebewesen. Die ersten Dinosaurier erschienen vor etwa 210 Mio. Jahren, am Ende der Triaszeit. In der Jurazeit beherrschten sie die Erde, bis sie vor etwa 65 Mio. Jahren (M.J.), am Ende der Kreidezeit, untergingen. In den Jahrmillionen, die es Leben auf der Erde gibt, hat sich die Welt stark verändert: Es gab Kontinentalverschiebungen, Veränderungen der Meeresspiegel, Klimaveränderungen, Aussterben und Neuauftreten von Lebewesen. Betrachtet man fossile Lebewesen, die vor, während und nach der Dinosaurierzeit auftraten, sieht man, dass sich in dieser Zeit vieles verändert hat, anderes kaum. Als die ersten Dinosaurier auftraten, gab es noch keinen der heutigen Erdteile – nur eine große Landmasse, Pangaea genannt.

IM NEBEL DER ZEIT
So etwa mag die Erde zur Zeit der Dinosaurier ausgesehen haben. Die Dinosaurier überlebten drei Erdzeitalter: Trias von vor 195 bis 130 M.J., Jura von vor 195 bis 141 M.J. und Kreide von vor 141 bis 65 M.J.

■ **VOR 260 M.J.: AMPHIB**
Amphibien wie die Frösche gab es schon lange vor den Dinosauriern. Sie können auf dem Land atmen und leben, ihre Eier aber müssen sie ins Wasser ablegen (S.44).

KÄFER
Käfer sind eine recht alte Gruppe und dienten schon den ersten Reptilien und Amphibien als Nahrung.

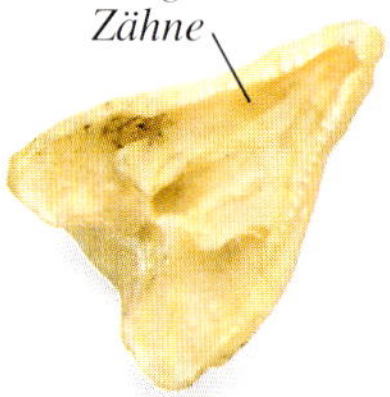

■ **VOR 260 M.J.: URREPTIL**
Die Schädelunterseite eines frühen eidechsenähnlichen Reptils, des *Captorhinus*: Mit den kleinen Dornzähnen fraß es wohl Insekten und Schnecken.

■ **VOR 230 M.J.: COELACANTHIER**
Der erste Quastenflosser trat vor 390 M.J. auf. Diese Fischgruppe galt als ausgestorben, doch in neuerer Zeit fand man wieder lebende Vertreter.

SKORPION-GESCHICHTE
Die heutigen Skorpione sind Vertreter einer über 400 Mio. Jahre alten Tiergruppe.

■ **VOR 230 M.J.: PROCOLOPHON**
Dies ist der Schädel eines kleinen, Wurzeln fressenden Urreptils.

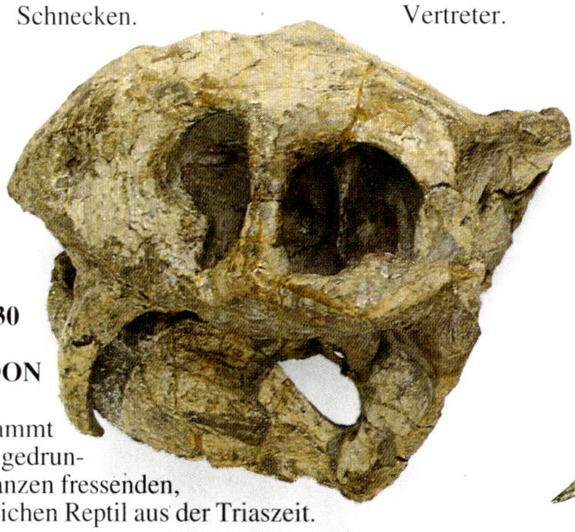

■ **VOR 230 M.J.: DIICTODON**
Dieser Schädel stammt von einem gedrungenen, Pflanzen fressenden, säugerähnlichen Reptil aus der Triaszeit.

LEBENDES FOSSIL
Die fossilen Verwandten dieses Lungenfischs lebten vor über 390 Mio. Jahren.

■ **VOR 200 M.J.:**
MEGAZOSTRODON
Das diesem Modell zu Grunde liegende kleine Skelett gehörte einem der ersten echten Säugetiere, das zusammen mit den ersten Dinosauriern lebte.

■ **VOR 205 M.J.:MASSETOGNATHUS**
Die letzten säugerähnlichen Reptilien, die kurz vor den Dinosauriern auftraten, waren groß und hatten ein hundeähnliches Aussehen. Als die Dinosaurier aufkamen, starben diese Tiere aus, doch kleine spitzmausartige Säuger überlebten.

■ **VOR 200 M.J.:**
ICHTHYOSAURIER
Ichthyosaurier waren schwimmende Reptilien mit langen, spitzen Schnauzen. Ihre Blütezeit traf mit der der Dinosaurier zusammen. Die abgebildete Beinflosse diente als Schwimmpaddel.

■ **VOR 200 M.J.:**
KROKODIL
Die Form des Krokodilschädels hat sich im Laufe der Jahrmillionen kaum geändert. Eine lange Schnauze mit vielen Zähnen eignet sich eben am besten zum Beutefang im Schwimmen. Diese besonders schmale Schnauze lässt eine Spezialisierung auf Fischfang vermuten.

■ **VOR 210 M.J.:**
RIOJASUCHUS
Dieser Schädel stammt von einem unmittelbaren Vorfahren der ersten Dinosaurier, von einem Thecodontier. *Riojasuchus* glich einem langbeinigen Krokodil und besaß mächtige Kiefer und Zähne.

Es geht noch weiter ...

■ **VOR 200 M.J.:**
THECODONTOSAURUS
Fossilien früher Dinosaurier sind meist schlecht erhalten. Die Abbildung zeigt ein Kieferfragment.

Zwei *Thecodontosaurus*-Exemplare beim Fressen

DURCHHALTEVERMÖGEN
Krokodile gab es vor, mit und nach den Dinosauriern und es gibt sie auch heute noch. Das Leben als räuberischer Flussbewohner scheint eine hervorragende Anpassung zu sein.

IN ALTEN ZEITEN
Thecodontosaurus war ein Allesfresser (S.23). Eines der abgebildeten Tiere frisst Palmfarne, das andere jagt eine Eidechse.

VOR 160 M.J.: KROKODIL
Krokodilschuppen oder -platten findet man oft in denselben Gesteinsschichten wie Dinosaurierfossilien, weil sich die Krokodile wohl über Saurierkadaver hermachten.

VOR 155 M.J.: PLESIOSAURIER
Dieser Zahn gehörte einem Plesiosaurier, einem gierigen Raubreptil der Meere und Zeitgenossen der Ichthyosaurier (S.57). Ihre Blütezeit war im Jura.

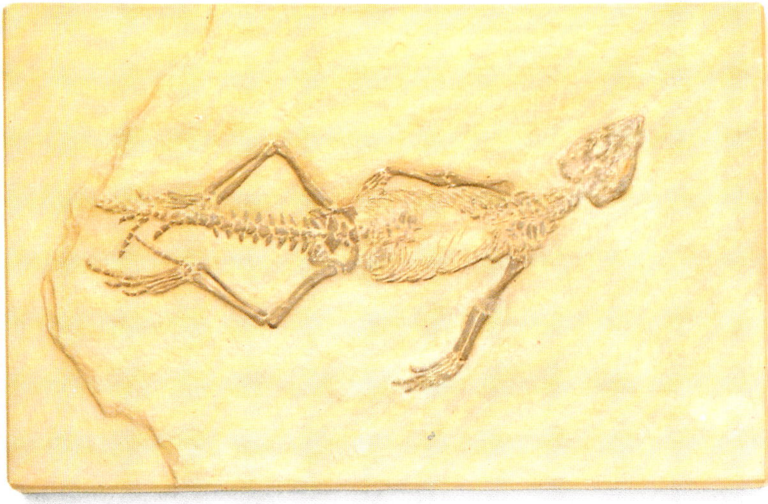

VOR 147 M.J.: SPENODONARTIGE ECHSE
Brückenechsen haben eine lange Geschichte. Es gab sie schon zur Zeit der Dinosaurier.

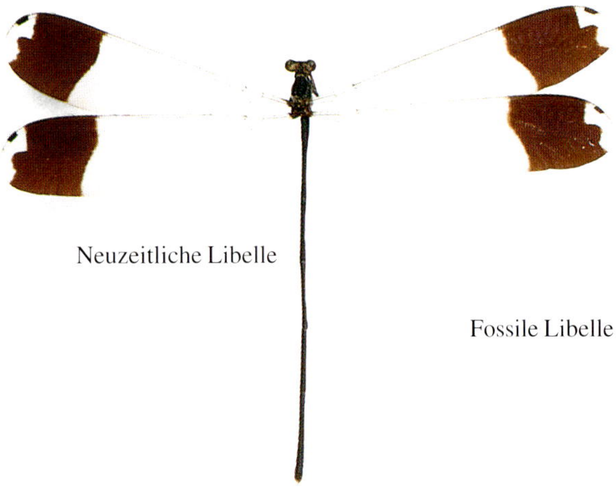

Neuzeitliche Libelle

Fossile Libelle

VOR 140 M.J.: ALTE LIBELLE
Libellen kann man als „lebende Fossilien" bezeichnen. Sie flogen schon vor 320 Mio. Jahren.

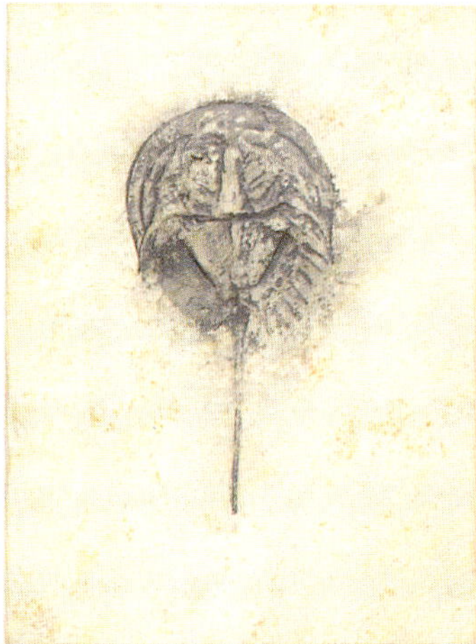

VOR 140 M.J.: PFEILSCHWANZKREBS
Auch die mit den Spinnen verwandten Pfeilschwanzkrebse sind älter als die Dinosaurier.

VOR 140 M.J.: GRYODUS
Zur Zeit der Dinosaurier gab es viele Knochenfische wie diesen. Durch die Einbettung in feine Ablagerungen von Seen sind sie gut erhalten.

Kiebitzregenpfeifer

ANBRUCH DER VOGELZEIT
Im späten Jura, vor etwa 150 Mio. Jahren, traten die ersten Vögel auf. Doch ihre Blütezeit kam erst, als die Pterosaurier (zur gleichen Zeit wie die Dinosaurier) ausstarben.

VOR 145 M.J.: PTERODACTYLUS
Die Dinosaurier beherrschten das Land, die Pterosaurier die Lüfte. Manche dieser fliegenden Reptilien waren nur spatzengroß, andere wie ein kleines Flugzeug. Die größeren Arten stürzten sich aus dem Flug auf Fische herab, die kleineren wie *Pterodactylus* (rechts) jagten Insekten.

FLUGSTUNDE
Der Morgen- oder Abendhimmel war in der Jurazeit wohl übersät von Pterosauriern, die im Flug Beute jagten. Ihre Rolle haben heute Vögel wie Schwalben und Mauersegler übernommen.

ÜBERLEBENSKÜNSTLER
Schaben oder Kakerlaken gehören zu den großen Überlebenskünstlern der Erde. Es gab sie schon lange vor den Dinosauriern und in Anbetracht ihres Erfolgs in der vom Menschen geprägten Welt wird es sie wohl auch in ferner Zukunft noch geben.

Schabe

Wassermokassinschlange

■ VOR 136 M.J.: DRYOSAURUS
Dieser Femur (Oberschenkelknochen) gehörte einem kleinen, flinken, Pflanzen fressenden Dinosaurier.

Dryosaurus-Femur

■ VOR 120 M.J.: KROKODIL
Das Krokodil, von dem dieser Schädel (rechts) stammt, lebte zu Beginn der Kreidezeit.

■ VOR 120 M.J.: EIDECHSENKIEFER
Dieses Kieferfragment stammt von einer kleinen Echse wie der links oben abgebildeten. Solche Bruchstücke findet man wesentlich häufiger als komplette Skelette.

AUFTRITT DER SCHLANGEN
Schlangen kamen in der späten Kreidezeit auf. Sie stellen umgewandelte beinlose Eidechsen dar.

■ VOR 115 M.J.: IGUANODON
Dies ist der Schwanzwirbel eines *Iguanodon*, eines Pflanzen fressenden Dinosauriers (S.8–9) aus der Kreidezeit.

■ VOR 120 M.J.: ZÄHNE
Diese gefährlich aussehenden Krokodilzähne sind 120 Mio. Jahre alt, doch sie sind den Zähnen heutiger Krokodile schon sehr ähnlich.

■ VOR 120 M.J.: SCHUPPE
Diese Schuppe gehörte zum Knochenpanzer eines Krokodils aus der Kreidezeit.

Es geht noch weiter ...

■ VOR 110 M.J.: SCHNECKE
Zur Zeit der Dinosaurier gab es die verschiedensten Schnecken.

Das Ende einer Ära

Als sich die Kreidezeit ihrem Ende zuneigte, ging die Zahl der Dinosaurier langsam zurück. Schließlich verschwanden diese Tiere völlig von der Erde. Zur gleichen Zeit veränderte sich das ganze Bild des Planeten. Die Kontinente drifteten auseinander, der Meeresspiegel stieg, weite Ebenen, Heimat vieler Dinosaurier, wurden überflutet. Viele Meerestiere starben aus. Das ehemals gleichmäßig warme Klima veränderte sich, extreme Klimazonen und jahreszeitliche Schwankungen traten auf. Auch die Pflanzenwelt wandelte sich, Blütenpflanzen gewannen zunehmend an Bedeutung. Als die Dinosaurier ausstarben, übernahm eine neue Tiergruppe die Weltherrschaft: die Säuger.

GASTSPIEL
Die großen Mosasaurier traten erst gegen Ende der Kreidezeit auf und starben, mit den Dinosauriern, bald wieder aus.

VOR 70 M.J.: MOSASAURIER
Die riesigen Meeresechsen öffneten mit ihren spitzen Zähnen Weichtierschalen, z.B. von Ammoniten (S. 48).

Schildkrötenpanzer

VOR 95 M.J.: SCHILDKRÖTE
Dieser Schildkrötenpanzer stammt aus der Kreidezeit. Die Schildkröten starben nicht aus, sondern erlebten eine Blütezeit.

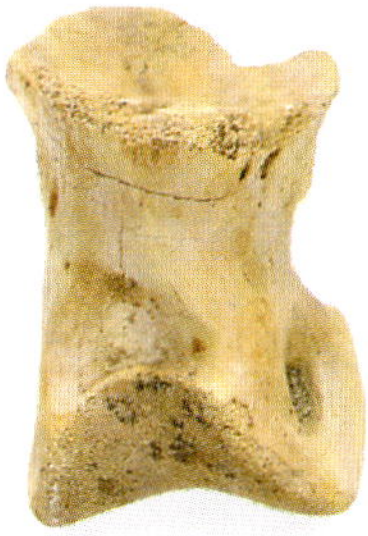

VOR 90 M.J.: ALBERTOSAURUS
Dieser Zehenknochen stammt von einem großen Raubdinosaurier. Nur wenige dieser Räuber überlebten bis zum Ende der Dinosaurierzeit.

VOR 100 M.J.: ICHTHYOSAURIER
Diese im Gestein eingebetteten spitzen Zähne stammen von einem Ichthyosaurier (S. 57). Meeresreptilien wie diese starben zur gleichen Zeit aus wie die Dinosaurier.

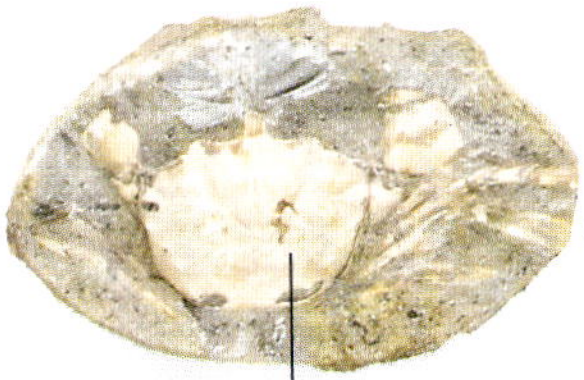

Krabbe

VOR 75 M.J.: KRABBE
Die Krabben starben nicht aus (S. 58).

Schuppen

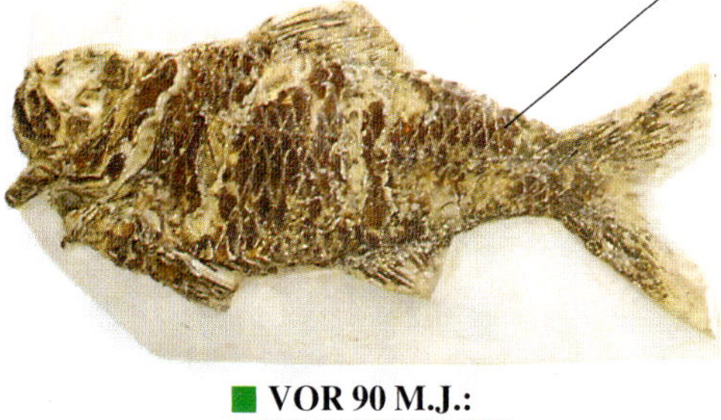

VOR 90 M.J.: KNOCHENFISCH
Die Knochenfische waren vom „Großen Tod" kaum betroffen.

VOR 85 M.J.: BEUTELTIER
Dieser Kiefer gehörte einem Beuteltier. Heute nur noch in Australien und Südamerika zu finden, lebten sie schon mit den Dinosauriern und breiteten sich nach deren Untergang schnell aus.

VOR 100 M.J.: HUMMER
Manche Meerestiere, z.B. die Krebse, waren vom Massensterben der Kreidezeit kaum betroffen. Warum manche Tiergruppen ausstarben, andere nicht, bleibt ein Rätsel.

VOR 100 M.J.: BLATT
Laubblätter wie dieses sind typisch für Blütenpflanzen, die sich in der Kreidezeit entfalteten.

ROTER HERING?
Die Knochenfische der Kreidezeit hatten schon große Ähnlichkeit mit den heutigen Arten.

Karettschildkröte

SCHILDKRÖTE
Schildkröten gehören zu einer Reptiliengruppe, die sich seit ihrer Entstehung vor 200 Mio. Jahren kaum verändert hat.

■ VOR 1 M.J.: HOMO ERECTUS
Der Mensch war eine der letzten Arten, die auf der sich ständig verändernden Erde entstanden. Die ersten Menschen traten erst vor etwa 1 Mio. Jahren auf (64 Mio. Jahre nach dem Tod des letzten Dinosauriers). In dieser „kurzen Zeit" hat der Mensch die Erde erobert und die Umwelt zunehmend beeinflusst.

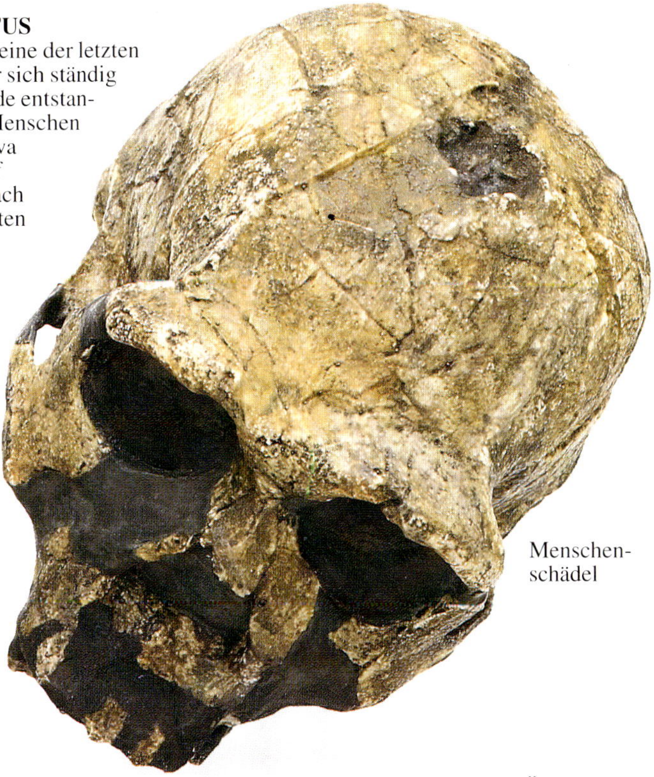

Menschenschädel

■ VOR 55 M.J.: SCHILDKRÖTENSCHÄDEL

■ VOR 25 M.J.: HAIZAHN
Haie gibt es seit 400 Millionen Jahren in fast unveränderter Form.

■ VOR 35 M.J.: BERNSTEINTIERE
Diese Grille und Spinne sind seit Jahrmillionen in Bernstein (fossilem Harz) eingeschlossen und so gut erhalten.

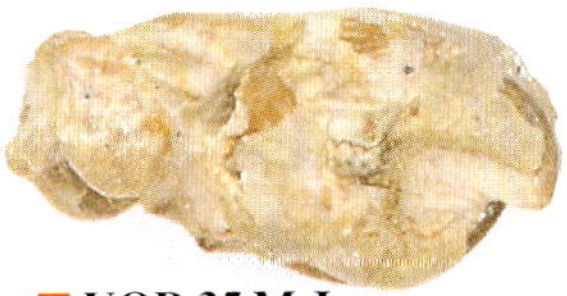

Schädel eines Urnagers

■ VOR 35 M.J.: NAGETIER
Nager wie Ratten und Mäuse traten erst lange nach den Dinosauriern auf und erleben heute eine Blütezeit.

ARMFÜSSER
Eine der ältesten Tiergruppen sind die Brachiopoden oder Armfüßer. Heute lebende Arten unterscheiden sich kaum von denen, die man in 500 Mio. Jahre altem Gestein findet.

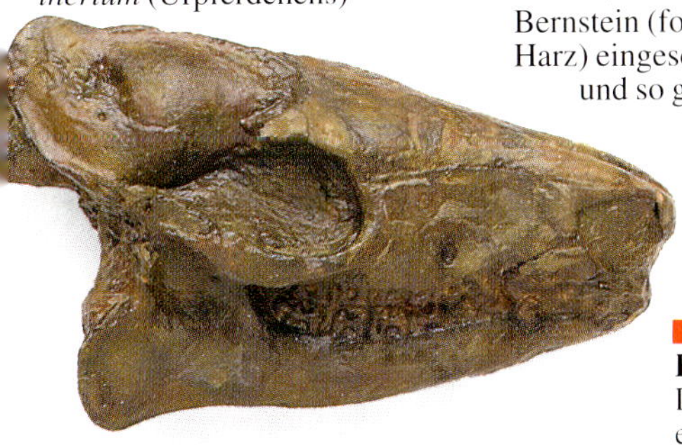

Schädel eines *Hyracotherium* (Urpferdchens)

■ VOR 50 M.J.: URPFERD
Bald nach dem letzten Dinosaurier traten die ersten Pferde auf und wenig später weideten verschiedene Arten die neuen Kräuter und Gräser ab. Die ersten Pferde hatten keine Hufe, sondern liefen auf mehreren Zehen.

■ VOR 40 M.J.: ECHSE
Dieser Kiefer gehörte einer Landechse. Die großen Meeresechsen wie die Mosasaurier (S.48, 60) starben aus, doch kleine Landformen überlebten.

SUMM, SUMM, SUMM ...
Die bunten Blüten und lockenden Düfte der Blütenpflanzen kündigten das Erscheinen der Schmetterlinge und Bienen an. Von Farben und Düften angelockt übertrugen Schmetterlinge, Bienen und andere Insekten, genau wie heute, den Blütenstaub von einer Pflanze auf die nächste.

Rote Rose

BLÜTENPRACHT
Die zu Beginn der Kreidezeit aufkommenden Blütenpflanzen eroberten bald die Erde.

Mythos und Märchen

Als man die ersten Dinosaurierknochen fand, konnten sich die Menschen kaum vorstellen, dass es diese Tiere wirklich gegeben hatte. Die riesigen Dinosaurier verschmolzen in ihren Gedanken mit sagenhaften, schrecklichen Monstern. Da man so wenig über diese Tiere wusste, unterliefen den Wissenschaftlern am Anfang oft Fehler. Die Dinosaurierknochen wurden falsch zusammengesetzt (S.8) oder mit Knochen anderer Tiere durcheinander gebracht. Auch heute noch sind Missverständnisse häufig. Museumsbesucher müssen den Eindruck erhalten, dass Dinosaurier als Riesenskelette umherliefen. Politiker und andere Redner ziehen Dinosaurier heran, wenn sie etwas Altmodisches, Nutzloses, Erfolgloses beschreiben wollen. Man tut die Dinosaurier oft als dumm, faul und gefräßig, zum Aussterben vorbestimmt, ab. Doch das stimmt nicht. Die Dinosaurier waren eine sehr erfolgreiche Gruppe. Sie zeigten Anpassungen an die verschiedensten Lebensräume und überlebten 150 Mio. Jahre, 57-mal länger, als es Menschen auf der Erde gibt.

DINOSAURIERDRACHEN
Der Drache der Mythologie ähnelt – abgesehen von den Flügeln – einem Dinosaurier. Für manche Menschen gibt es keinen Unterschied zwischen Drachen und Dinosauriern. Doch es gibt einen: Drachen haben nie gelebt.

SEEUNGEHEUER
Viele glauben, Dinosaurier seien Seeungeheuer gewesen, die vielleicht noch heute in der Tiefe des Meeres lauern. Doch Dinosaurier waren keine Meerestiere. Diesen Lebensraum beanspruchten Plesiosaurier und Ichthyosaurier.

DER GROSSE BRONTOSAURUSSCHWINDEL
Der Sauropode *Apatosaurus* („Scheinechse") wurde früher *Brontosaurus* („Donnerechse") genannt. Bei der Rekonstruktion eines fast kompletten Skeletts (allerdings ohne Kopf) gerieten die Knochen eines anderen Sauropoden, *Camarosaurus*, unter die des *Apatosaurus*: Das Tier wurde mit einem kurzen, runden Schädel ausgestellt. Erst vor kurzem fand man den richtigen Schädel, der dem des *Diplodocus* (S.22) sehr ähnlich ist.

DINOSAURIER AUF BÄUMEN
Als man *Hypsilophodon*, einen kleinen, wendigen Pflanzenfresser entdeckte, glaubte man zuerst, er sei ein Baumbewohner gewesen (S.36–37). Man sah ihn als einen dem Baumkänguru aus Neuguinea vergleichbaren Lebensformtyp an. Der lange Schwanz hätte dann als Kletterhilfe gedient, die Zehenkrallen zum Festhalten. Doch diese Vorstellung hat sich als falsch herausgestellt. *Hypsilophodon* war ein Bodenbewohner, dessen steifer Schwanz wie eine Balancierstange half, beim Rennen das Gleichgewicht zu halten.

CHINESISCHE DRACHEN

Der Drachen der Mythologie hat in der chinesischen Kultur eine wichtige Symbolfunktion, deren Ursprung vielleicht in der Entdeckung von Dinosaurierresten liegt. Die Chinesen sammeln seit über 2000 Jahren Dinosaurierfossilien als „Drachenknochen". Auch heute noch wird Pulvermedizin aus „Drachenzähnen", d.h. meist aus Dinosaurierzähnen, eine heilende Wirkung zugesprochen.

Zwei *Hypsilophodon*-Dinosaurier auf einem Baum

DINOSAURIER UND HÖHLENMENSCHEN

Manche Filme und Comics vermitteln den Eindruck, Dinosaurier hätten zur gleichen Zeit wie Frühmenschen gelebt. Doch die Dinosaurier waren schon seit 64 Mio. Jahre ausgestorben, als die ersten Menschen auftraten!

Register

Bildnachweis

o=oben, u=unten, m=Mitte, l=links, r=rechts

ANT/NHPA: 7or; BBC Hulton Picture Library: 8ol, 9om, 31o, 54ol, 54u; Richard Beales/Planet Earth Pictures: 32ol; The Bridgeman Art Library: 17ul; The British Museum (Natural History); 52ol, 52ml, 55or; Zdenek Burian/Artia Foreign Trade Corporation: 10m, 22m, 38ol; Jane Burton/Bruce Coleman Limited: 6ml, 13ur, 29ml, 34ol, 35ol, 36ol, 39or, 43ul, 50ol, 57ul, 59ol; L. Castaneda/The Image Bank: 15mr; Albert Dickson: 46ul; Robert Harding: 63or; David A. Hardy/Science Photo Library: 49ol; Arthur Hayward/Natural Science Photos: 11ml, 24or, 29ul, 33or, 37or, 42ul; The Illustrated London News: 38ml, 46ol; G. Kinns/Natural Science Photos: 30ol; Kobal Collection: 63um; Ken Lucas/Planet Earth Pictures: 31mr; The Mansell Collection: 28ol, 42mr, 56or; Mary Evans Picture Library: 9ul, 9m, 12ol, 14ol, 16ul, 25ml, 35um, 62ul, 62mr; David Norman: 53mr; Alan Root/Survival Anglia Ltd.: 51or; C.A. Walker/Natural Science Photos: 40ol.

Illustrationen:
Angelika Elsebach: 21or, 21mr, 21ur, 32u; Sandie Hill: 15ml, 20ml, 28or, 44ol, 44ul; Mark Iley: 18ul; Richard Ward: 23ul, 26um, 47u; Ann Winterbotham: 10ol, 15ul; John Woodcock: 6or, 7mr, 12m, 14u, 51u, 54ur

Bildredaktion:
Angela Murphy

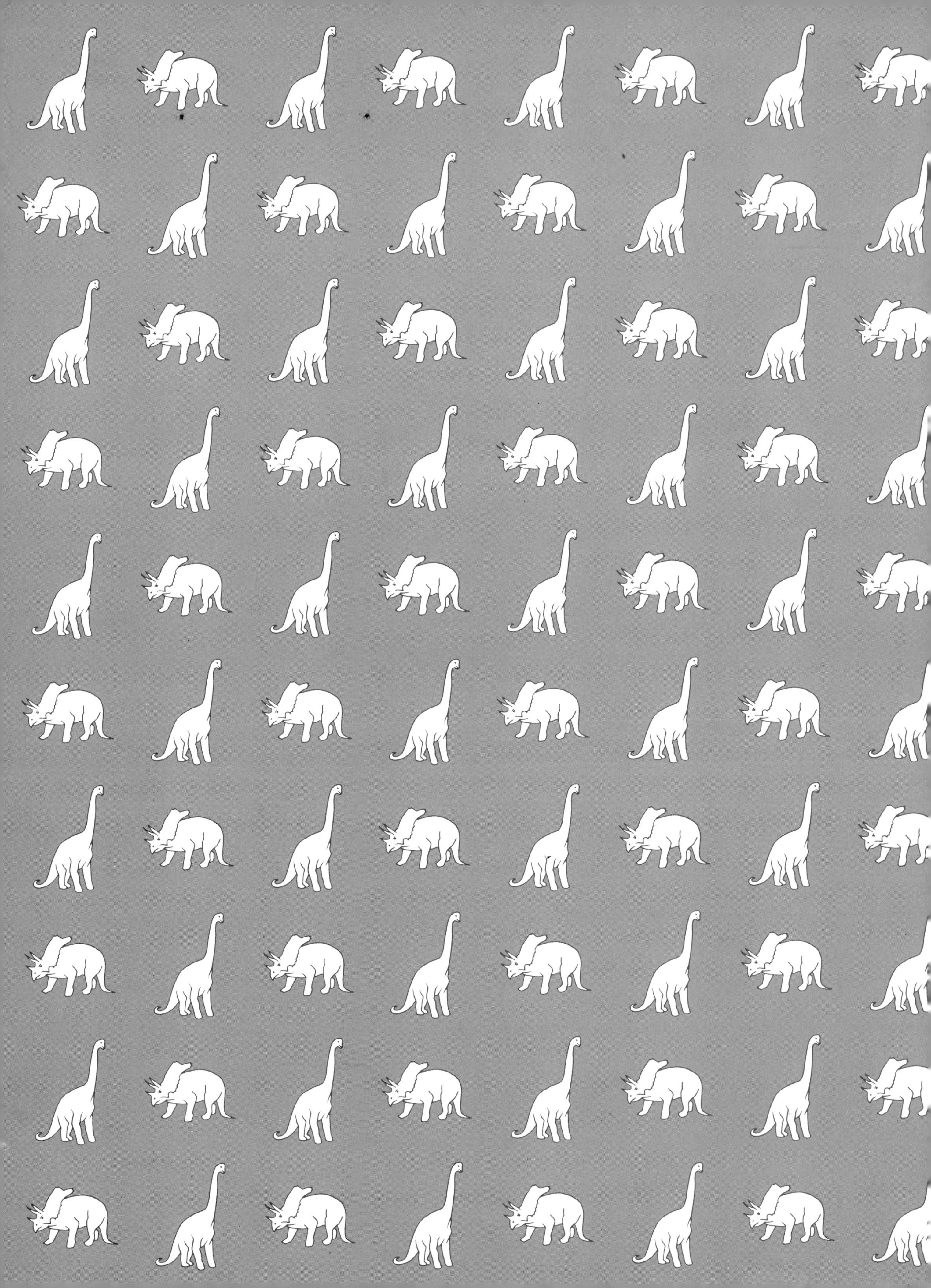